POWER TRAVEL

台中

快出發：現在來玩正是時候

搭客運公車、乘火車或是選擇台灣觀光巴士，花最少錢省最多時間用力逛台中！

公路

台17線：為一條濱海公路，從清水縱貫台中沿海各鄉鎮，主要串聯清水和龍井臨海漁港。

台3線：從台北一路南行貫穿台中山線的公路。在台中境內串連山線各區的熱鬧精華區，東勢、神岡、豐原、潭子、台中、大里、霧峰等靠山各區。

台1線：以新竹為起點，向南而行，越過大安溪及大甲溪，貫穿大甲、清水、龍井、大肚等台中海線等區，在清水一分為二，從南仍編號台1線，往西通往海邊各漁港的編號為台17線。

客運

位於台灣中部位置，往北、南交通發達，對外交通繁多，而各客運運輸站最終集中在台中火車站、朝馬站等附近。

目前台中聯外的客運巴士，共有大有巴士、中鹿客運、台中客運、和欣客運、阿羅哈客運、建明客運、國光客運、統聯客運、新竹客運、台西客運、豐原客運。各家客運公司分別在台中站、豐原站都有設站以運輸旅客。

另有專營一般公路的客運業者，共有巨業交通、全航客運、杉林溪遊樂事業、花蓮客運、苗栗客運、南投客運、員林客運、彰化客運。

鐵路

鐵路從竹南至彰化間分為二條線貫穿台中，靠近海邊的「海岸線」俗稱「海線」，而主幹道「台中線」則稱為「山線」。沿途較大的車站山線有豐原、台中，海線有大甲、清水、沙鹿。二線至彰化再合為一條主幹。

高鐵

台灣大眾交通運輸已發展至高速鐵路，拉近城際間之距離，台北至高雄成為一日生活圈。規劃在台灣西部走廊設置12個車站，營運初期有台北、板橋、桃園、新竹、台中、嘉義、台南及左營共8站。

高鐵位於台中烏日區，到了烏日高鐵站有往台中公園的159號、東海大學的161號、僑光科技大學的160號三條高鐵快捷公車免費轉乘使用。也有許多客運可以轉乘至台中市區，怕麻煩的更能選擇搭乘計程車。若是要到台中火車站可在高鐵站內旁的台鐵新烏日站購買往台中站的火車票。

台灣觀巴

「台灣觀巴」是專為國內、外旅客在台灣的便利觀光旅遊服務，直接至飯店、機場及車站迎送旅客並提供全程交通、導覽解說（中、英、日文之導遊）和旅遊保險…貼心服務，不必長途開車，又有極佳的自主性，也成為旅遊台中不錯的選擇。

馬上安排交通直奔台中吧！

★ 公路

和運租車
0800-024-550
格上租車
0800-222-568
艾維士租車
0800-000-414
中租租車
0800-588-508

★ 客運

台中客運總站：台中市建國路127號之1
台中客運
(04)2225-5561
大有巴士
(04)2706-5675
國光客運
(04)2222-2830
巨業交通
(04)2662-1161

台中千城：
台中市東區自由路3段30號
全航客運
(04)2212-9715
總達客運
(04)2223-9666
朝馬站：台中市台灣大道三段626號
國光客運
(04)2259-1160
建明客運
0800-051519
阿羅哈客運
(04)2450-0858
大有巴士
(04)2225-5563
台西客運
0800-200-079
中鹿客運
0800-889-116
和欣客運
(04) 2252-0330

★ 鐵路

台鐵訂票系統
http://railway.hinet.net/

★ 高鐵

www.thsrc.com.tw
營業時間：06:00~24:00
洽詢電話：
(直撥)4066-3000或
04-3601-5000
台中高鐵轉乘地圖下載：
http://www.thsrc.com.tw/UploadFiles/StationInfo/3f84ff5e-9ae8-4477-b631-f1025c86fced.pdf

★ 飛機

台中航空站（清泉崗機場）
服務電話：
04-2615-5000#123
機場網址：
http://www.tca.gov.tw/

• **北區**
人口集中且學校林立，也因如此許多台中庶民老味道這裡都找得到。P72

• **大甲、清水、大肚、沙鹿、龍井**
臨近海邊的區域，傳統宗教、美食皆在於此。P160

• **大雅、潭子、豐原、東勢、神岡、后里**
舊山線改建成的單車道，是休閒運動的好選擇。P146

• **北屯、新社、太平**
氣候宜人，滿山滿谷的各式農作物及花卉美景俯拾即是。P88

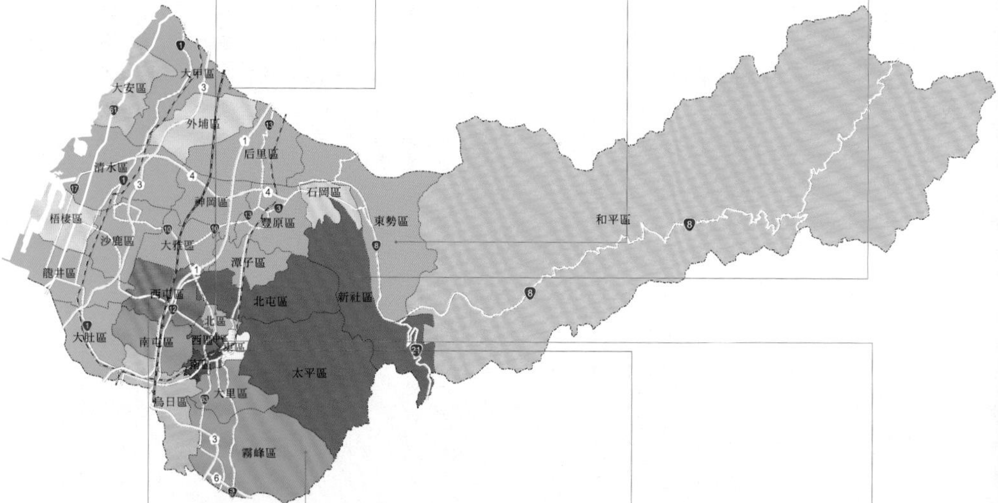

• **西屯**
因逢甲大學帶起的商圈，是台中人最愛逛的夜市之一，物美價廉是最大亮點。P143

• **南屯、大里、霧峰**
為中部早期發展的重鎮，發展重心轉移後，已成追古懷思之地。P110

• **西區**
歷史悠久加上持續的建設不斷各式商場及百貨林立，可謂是台中一級戰區。P16

• **中區、南區**
曾為舊台中市最繁華的區域，如今為文創發展重地，老宅改建是新風潮。P54

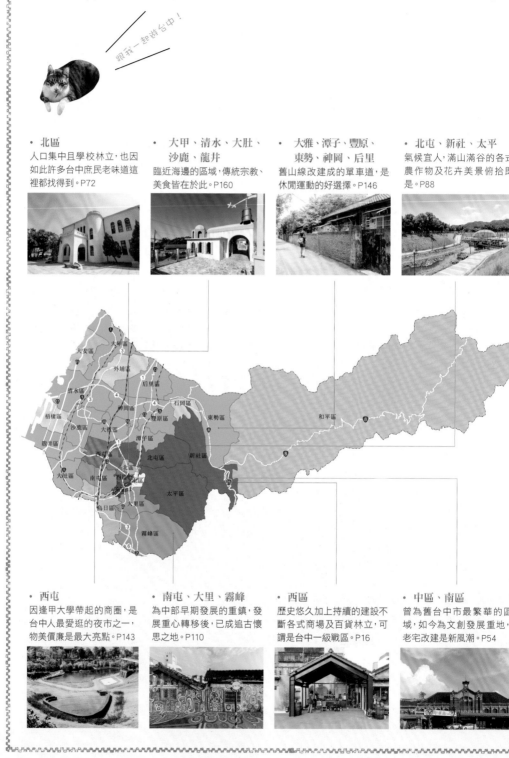

跟我走：台中這樣最好玩

台中旅遊的交通細節其實超簡單，趕快筆記寫下來！詳解各種交通方法，融會貫通保證你也會是個台中通。

公車與客運

台中的聯外客運系統，除了聯絡南、北直轄市之外，或多或少也兼負台中市內的運輸服務，像是統聯客運、國光客運、豐原客運、台中客運、台西客運等。大都會經過朝馬站、水滴站、科博館站。

鐵路

鐵路從北至南穿越台中市，山線比較重要的車站包括豐原站、台中站、新烏日站等，海線比較重要的車站包括大甲店、清水站、沙鹿站等，一般對號列車多會停靠這些車站，若是其他較小的車站，就必須搭乘區間車才能抵達。

台中車站離街區都不遠，通常旅客一出站，就可以直接步行至街區，唯有一些較小的站如大肚站、追分站等，附近店家及居民較少。在台中鐵路分為海線及山線，在新竹及彰化二轉分為海線及山線，要來台中的旅人，要特別注意目的地是山線還是海線。

租車

租車有轎車與機車兩種，這些租賃

台中干城車站旁：

・立昌租車 (04)2213-7667

・慶鴻租車 (04)2227-4948

・環球租車跟站前 (04)2223-9073

台中國光朝馬站旁：

・翔順機車託運 (04)2258-9816

・本田機車行 (04)2251-3409

●計程車

高鐵排班計程車：

・台灣大車隊

服務電話：4058-8888

手機直撥：55688

網址：www.taiwantaxi.com.tw

・中南海大都會 04-2316-3388

・飛狗無線電計程車 (04)2287-8888

・台中無線電計程車 (04)2246-5555

・怡美無線電計程車 (04)2436-6666

・國通無線電計程車 (04)2254-4090

・人人無線電計程車 (04)2321-5757

・永隆無線電計程車 (04)2375-1234

・金龍無線電計程車 (04)2313-8806

・第一無線電計程車 (04)2327-8383

・台中無線電計程車 (04)2246-5555

・友愛無線電計程車 (04)2463-6262

● iBike

出租資訊網：http://i.youbike.com.tw/cht

BIKE 輕鬆借、輕鬆還

・單次租車者

付費方式：信用卡

註冊方式：各站點 KIOSK 申辦

使用費率：4 小時內每 30 分鐘 10 元，4 小時～8 小時內每 30 分鐘 20 元，超過 8 小時以上每 30 分鐘 40 元

・會員 / 長期租車者

付費方式：悠遊卡、一卡通

註冊方式：服務中心申辦；官方網站申辦、官方 APP 申辦、各站點 KIOSK 申辦

使用費率：使用前 30 分鐘免費，4 小時內每 30 分鐘 10 元，4 小時～8 小時內每 30 分鐘 20 元，超過 8 小時以上每 30 分鐘 40 元

車行多半集中在車站或是客運總站的周邊，例如台中火車站、國光朝馬站、干城車站等，旅客一出站通常很容易就能找到。其他車站並不一定都會有車行租賃的服務，像是沙鹿站、大肚站等，所以如果想採用租車方式旅遊台中，除了從出發地就直接租車，否則最好選擇台中較大的車站下車，否則恐怕不容易找到車行。

計程車

車站周邊通常會有計程車，但同樣這也得要視車站的大小而定，如果是台中站、大甲站、清水站，通常都會有計程車排班，不然也常有計程車經過，想招一台車來搭是很容易的。但是如果是后里站、日南站之類的小站，出了車站是不會有計程車的，較偏僻的鄉鎮，都要靠電話叫車，才會有計程車前來服務。

iBike

這是台中市政府與台灣捷安特一同啟動的公共自行車租賃系統服務計畫，希望藉由市區自行車道路網搭配自行車租賃站服務，鼓勵民眾使用低污染、低耗能的公共自行車作為短程的交通工具。iBike租賃點的範圍廣大幾乎熱門景點及商圈附近皆可看到，很適合在假日時期取代機車做為在小範圍內移動的工具，再搭配公車，就可以台中市跑透透也不用擔心停車問題。

不迷路！台中交通輕鬆搞懂

★ 公車與客運

客運 e 化暢行台灣網

http://www.taiwanbus.tw/

●台灣觀光巴士

http://www.taiwantourbus.com.tw/Main/

服務專線 0800-011-765

- 林家花園．台中半日遊：成人 1000 元，3 歲以下兒童每位 200 元 [不佔位、僅含保險]。行程包括霧峰林家花園 (40 分) →東海大學路思義教堂 (30 分) →台中大都會歌劇院（戶外參觀）(10 分) →國立台灣美術館 (40 分)
- 台中好樂園 - 台中一日遊：成人 NT$1,800 元，未滿 6 歲兒童 NT$1,500 元，未滿 3 歲兒童不佔位 NT$200 元（含台灣觀巴車資、保險、門票、導覽解說）。行程包括麗寶樂園 - 探索世界 / 馬拉灣水上樂園（二擇一）(4 小時) →后里馬場 (1 小時) →月眉觀光糖廠 (1 小時) 等
- 東勢林場．新社一日遊：成人 NT$1,700 元，未滿 3 歲兒童不佔位 NT$200 元。（含台灣觀巴車資、保險、午餐、門票、下午茶、導覽解說）。行程包括東勢林場 (2 小時) →午餐 (1 小時→新社農場參觀 (30 分) →安妮公主花園 (1.5 小時) →白冷圳→馬力埔彩繪小徑 (30 分) 等
- 高美濕地．台中一日遊：成人 NT$1,700 元，未滿 3 歲兒童不佔位 NT$200 元(含台灣觀巴車資、晚餐、保險、導覽解說、芋頭酥 DIY 費用）。行程包括大甲文化美食之旅 (30 分) →芋頭酥 DIY (1 小時) →高美濕地 (30 分) →梧棲漁港 (30 分) →望高寮夜景 (30 分) →逢甲夜市 (1.5 小時) →秋紅谷 (20 分) 等
- 后豐鐵馬道 美術大台中一日遊：成人 NTD$1,850 元、3 歲以下兒童每位 NTD$300 元 [不佔位、僅含保險]。行程包括后豐鐵馬道單車行（花樑鋼橋、九號隧道）(1 小時 40 分) →泰安鐵道文化園區 (30 分) →張連昌薩克斯風博物館 (30 分) →中餐→后里月眉觀光糖廠 (60 分) →彩虹眷村 (30 分) →國立台灣美術館（美術園道）(30 分) 等

●租車

- 和運租車 0800-024-550
- 格上租車 0800-222-568
- 艾維士租車 0800-000-414
- 中租租車 0800-588-508

●租機車

台中火車站旁：

- 車中寶租車 (04)2229-6616
- 成功租車 (04)22227833
- 新榮田租車 (04)2225-9008

3天2夜：大台中山海之旅玩透透

悠閒地散步在綠意盎然的台中市區著名園道，巷弄內特色餐廳、個性小店雲集，離開市區後迷人的山海景致，請充分享受大自然的無窮魅力，豐富的人文風情更增添魅力。

Day1 文藝青旅行一起逛

09:00 → 10:00 → 11:00

耶濃搖滾豆漿

喝得飽的豆漿，以全食的概念提供健康的早午餐，招牌豆漿更有多種口味選擇 P46

式學植務所

送禮、自用二相宜的最佳生活美學。P24

審計新村

森繼摘星計畫後的文創新聚落。P19

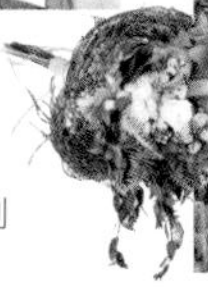

Day2 藝術彩繪漫步走

07:00 → 08:30 → 09:30

彩虹眷村

全台最早的彩繪眷村，童趣純真的繽紛世界守護著眷村房舍。P112

天津句不理湯包

美味早餐在地首選。P65

20 號倉庫

漫漫閒逛，欣賞藝術創作火花。P60

Day3 海線風情畫盡情看

09:00 → 09:30 → 10:00

沙鹿肉圓福

當地老牌肉圓店，滑嫩的肉圓皮是其特色。P175

蘇氏家大蛋燒

像是批薩也是蛋餅，加上滿滿的起司，享受 Q 軟美味。P175

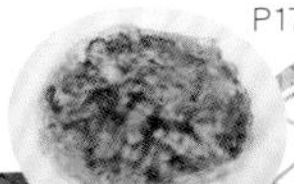

陳石城肉角

越嚼越香的古早味休閒零食。P175

揹起包包，說走就走

12:00

勤美術館

假日輕旅行好去處，周邊個性小店慢慢逛。P50

13:30

PUGU
田園雜貨

雜貨控、留影魔人最新選擇，室內如森林的空間，挖寶拍照皆宜。P40

14:30

土庫里小旅行

騎著單車漫遊巷弄間，趣味小店總是轉角就遇見。P35

15:30

toward cafe 途兒咖啡

有寬敞的戶外綠地歡迎單車族來此休息。P143

17:30

中科手作市集

定點定期的假日市集，以各種手作類型的攤販為主。P144

11:00

馬力埔彩繪小徑

全台最長的彩繪小徑，當地農作、生活、宗教皆是彩繪主題。P104

13:00

施雜貨

健康的無菜單料理。P108

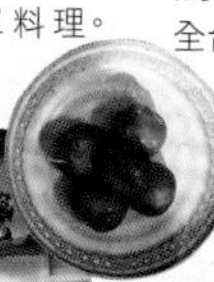

14:30

龍貓公車

龍貓出沒快來合影。P123

15:30

光復新村

被遺忘的眷村村落，重生為藝文創作的新聚點，尋找獨物小物的新去處。P129

18:00

岩見澤日本原創料理

新鮮美味尚青料理。P124 市。

10:30

美仁里彩繪小徑

走入時光隧道，來到60年代的台灣。P172

11:30

日日是好日土厝

了解土角厝社區文化。P175

14:00

清水眷村文化園區

逐漸被時間洪流埋沒，重新規畫保留，再認識以往的歷史。P167

16:00

阿婆粉園冰

來此不能錯過的古早味。P169

17:00

高美濕地

直接感受自然之美。p170

台中

本書標註的開放時間、相關價格、商場與餐廳內容，以該景點、商店與餐廳自行公布的資訊為準。

目錄

CONTENTS

必拍 自來水廠老眷舍
一排保留舊有紅磚青瓦的老眷舍，是遊客打卡拍照的好景點之一，重新規劃的空間，小店鋪的進駐讓人在老建築中漫步穿梭享受尋寶的樂趣。

必吃 日式冰品
細緻綿密的雪花冰搭配各式繽紛色彩的配料，光是滑順的口感，就不知擄獲多少愛吃甜食的人。

必買 手做特色小物
以濕氈的方式製作，過程好玩有趣，從筆套、書衣、帽子甚至衣服、包包皆可製作。

巷弄漫旅

街角綠意
編織新潮與懷舊浪漫

五福一街
3

✻悠閒踏擴心體驗

不僅是風光壯麗，
人文薈萃、新舊交織的台中，
正待你踏訪，
編織出，專屬於你自己的歷險小徑。

西區

5件來這裡必做的事

1 充滿活力的戶外廣場
與陽光來場約會

每逢假日廣場週遭可見許多攤販及街頭藝人，寬敞的大草地是吸引小孩和毛小孩奔跑的大操場，熱鬧的人潮帶來屬於都市中的活力，假日可到廣場市集逛逛，累了就坐在一旁的樹蔭下欣賞街頭藝人的演出。

INFO

台中市民廣場 MAP P185,B2

地址：台灣台中市西區公益路
營業時間：全天
價格：免費

草悟道廣場 MAP P185,B2

地址：台中市西區英才路 534 號
電話：(04)2302-1232
營業時間：全天

2 外食族的健康補給站
意想不到的新料理方式

打破固有的餐點觀念，將「簡單的事情重復做到最好」的堅持發揮淋漓，當季精選七種以上蔬菜，每日精心熬煮才能完成一道營養美味可以當主菜的湯。

每日提供的濃湯口味不同，搭配澱粉、蔬菜，營養均衡無負擔，沒有複雜、繁瑣的烹煮方式，沒有多餘的調味，只有食材原始鮮甜帶來的健康滋味。

INFO

家．溫度湯專賣店 MAP P185,B2

地址：台中市西區公正路 222 號
電話：(04)2301-0802
營業時間：11:00~21:00
價格：套餐 220 元

5 旅人的中途休息站
徒步旅行的友善空間

沒有甚麼方法比得上用雙腳一步步踏上旅途更能理解自己的土地了。「ohana 的天空」主人，就是在這樣一個念頭驅動下，開始徒步環走台灣一圈。徒步旅程中的汗與淚、歡笑和苦楚，在一步步的將腳印踏上台灣島的過程中，昇華了自身靈魂的品質。旅途或許暫告一段落了，但帶回的那關於人性光輝凝結的美麗風景，驅使店主人成立了這一個空間，如果你正在路上且恰巧路過這裡，請進來坐坐，為大家分享你的故事。

INFO

ohana 的天空 MAP P185,B3

地址：台中市西區三民路一段 43-2 號
電話：(04)2371-7988
營業時間：09:00~18:00，週日休
價格：均消 100 元

4 老屋新藝文空間
包裹時光的美麗處所

總是期盼在喧雜紛擾的都市裡有那麼一方角落，可以讓人靜靜地待著，重新拾回閱讀的平靜和心靈豐富的愉悅。「佔空間」恰是這樣一個住著風騷靈魂的老處所，這裡不只有安靜的書，還有熱情分享的展覽。

INFO

佔空間 Artqpie MAP P185,B2

地址：台中市西區中美街 135 號
電話：(AJ)0982-723359
營業時間：14:00~21:00
價格：本冊別冊 350 元

戶方 MAP P185,C3

地址：台中市西區自治街 21 巷 6 號
電話：0982-723359
營業時間：隨展期開放，依粉絲頁上公告為主
價格：明信片 40 元

3 深藏大時代故事的老屋
傾聽磚瓦間的絲縷情懷

歷史，總有那麼幾個人跟一些時刻，被刻意由時代的痕跡中抹去，孫立人將軍就是身處在這樣的時代背景下被試圖抹去的一個人物。時至今日，政權更替了，當時在自己的舞台扮演特定角色的人也離開了，留下的就是一棟老房，和曾經在這裡生活的人們遺留的痕跡。踏入這時光膠囊般的老屋，並非讓人對歷史驟下論斷，而是傾聽那回盪在老屋裡的時光呢喃。

INFO

孫立人將軍記念館 MAP P185,B2

地址：台中市西區向上路一段 18 號
電話：(04)2229-0280#507 台中市文化資產處
營業時間：每月雙週週日開放 09:00~16:00(12:00~13:00 休息)
價格：免費

原是光復早期的省政府宿舍建築群，為了改善空間因長期閒置後造成地方治安等問題，市府執行「摘星青年、築夢台中」的創業輔助計畫。希望藉由藝術家、創作家及社會文化團體的入駐成形一個文藝聚落空間外，進而影響附近社區文藝氛圍發展。

穿梭審計新村文創聚落

藝文新境界等你來發掘

曾被人遺忘的聚落，如今又開啟新的篇章。
年青的藝術創作家進駐後，
新靈魂舊房舍，彼此產生新的火花。

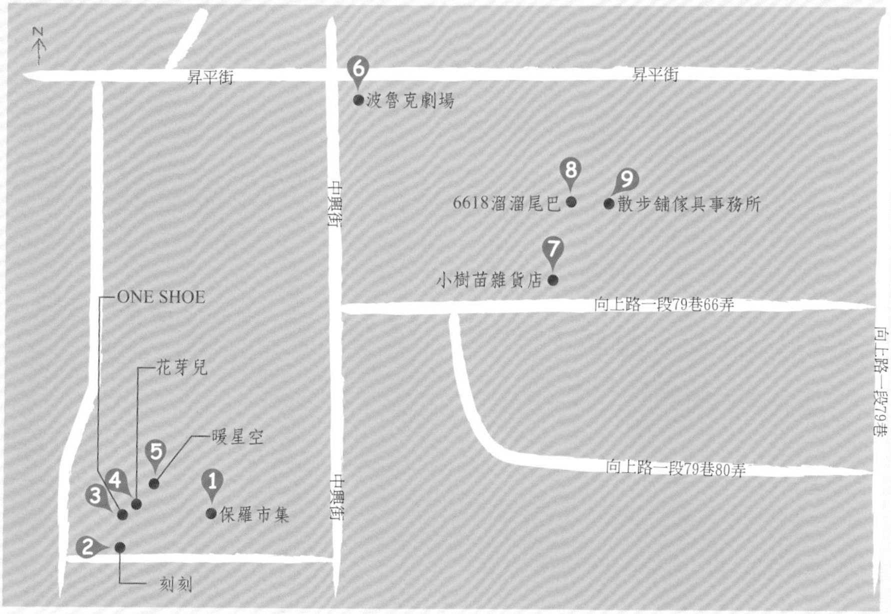
N
昇平街
昇平街
6 波魯克劇場
中興街
8 6618溜溜尾巴
9 散步鋪傢具事務所
7 小樹苗雜貨店
向上路一段79巷66弄
向上路一段79巷
ONE SHOE
花芽兒
暖星空
1 保羅市集
刻刻
向上路一段79巷80弄
中興街

must eat

與台灣小農直接對話

與台灣小農合作，把當季健康無毒的水果或食材做成各式產品，透過策展等活動，讓在地食材連結消費需求，建立的平台透過預定方式，調節小量產物的訂單不穩問題。

must buy

為自己找雙獨一無二的鞋

沒有分左右腳的鞋子，可以買同樣花色的鞋也可以選擇不同花色的鞋子來搭配。草編鞋底的鞋子即透氣又有隔熱效果，非常適合台灣的氣候，舒適又別具有個人風格。

must play

隨手塗鴨作公益

黑色的牆面上以各種色彩畫出如宇宙中銀河的感覺，購買喜歡的畫布尺吋，顏料隨意用、隨意畫。所得收入將會提撥部份資金至偏鄉學校辦藝術教育課程。

1 保羅市集

讓台灣在地食材連結消費需求

以農業策展方式行銷台灣各地食材，門市裡的冷壓果汁就是以當季產量過多的農產品製作的。日後將規畫各種展演讓更多人了解農產品。

INFO

MAP P185,B4

地址：台中市西區民生路 368 巷 2 弄 7 號
電話：0988-243817
營業時間：週一～五 16:00~20:00，週六、日 09:00~20:00
價格：冷壓果汁平均 80 元

2 刻刻

感受手作木頭的溫度

利用再生木材創造出獨特的木製品，還有體驗課程分享自已動手的樂趣。

INFO

MAP P185,B4

地址：台中市西區民生路 368 巷 2 弄 1 號 1 樓
電話：0916-990806
營業時間：週三、四休
價格：DIY 木作湯匙 1200 元 / 人

3 ONE SHOE

玩出專屬自己的鞋風格

以草編等透極佳的材質做為鞋底，柔軟又透氣。沒有左右腳之分的設計，仍是舒適好穿。

INFO MAP P185,B4

地址：台中市西區民生路 368 巷 2 弄 3 號 2 樓
電話：(04)2301-0234
營業時間：12:00~18:00，六日 10:00~18:00，週一二休
價格：一只鞋 940 元起。

5 暖星空

畫出自己的心情讓藝術走入偏鄉

來這畫畫的消費都能夠幫助到偏鄉學童。

INFO MAP P185,B4

地址：台中市西區民生路 368 巷 4 弄 4 號 2 樓
電話：0972-186677
營業時間：週二～週五 15:00~21:00，週六 10:00~21:00，週日 10:00~17:00，週一休
價格：自油水彩課程 2000 元 / 四堂

4 花芽兒

感受自然植物帶來的溫暖

以大自然的植物為主軸的小店，草編的提籃、吊飾和草本花茶。

INFO MAP P185,B4

地址：台中市西區民生路 368 巷 2 弄 3 號 2 樓
電話：0972-522750
營業時間：12:00~18:00，六日 12:00~19:00，週一、二休
價格：萌芽鉛筆 180 元

7 小樹苗雜貨店

可愛生活小物挖寶處

充滿日式小清新風格的空間，各式鄉村雜貨羅列其中，空間更是佈置得溫馨舒適，除了雜貨還提供空間租賃拍攝。

INFO MAP P185,C4

地址：台中市西區向上路一段 79 巷 66 弄 22 號
電話：(04)2301-9055
營業時間：09:00~17:00，週日 10:00~17:00，週一休
價格：空間租用 800 元 / 時，小馬克杯 170 元。

6 波魯克劇場

親和魅力大人氣的咖啡劇場

簡單、明亮、舒適的環境和親切的主人，一待就捨不得走。

INFO MAP P185,C4

地址：台中市西區昇平街 35 號
電話：(04) 2301-0618
營業時間：14:00~23:00，週日 14:00~20:00，週三休
價格：卡布奇諾 90 元，藍莓起司蛋糕 90 元

9 散步舖傢具事務所

品牌家俱品味生活

北歐及日本的經典傢具大集合，精選生活器具雜貨小物，一次逛足。

INFO MAP P185,C4

地址：台中市西區向上路一段 79 巷 66 弄 14 號 1 樓
電話：(04) 2302-0502、0910-014343
營業時間：13:00~19:30，週一、日休
價格：荷蘭 Memu 玫瑰茶壺 (一二杯)4180 元

8 6618 溜溜尾巴

愜意舒適的手作平台

喜愛手作、木作的夫妻檔，空間是他們的工作室也是各創作家的分享平台，除了獨特的手作物外仿舊家具也是另一大亮點。

INFO MAP P185,C4

地址：台中市西區向上路 1 段 79 巷 66 弄 18 號
電話：0922-165156
營業時間：12:00~19:00 週一、二休
價格：仿舊木箱 4500 元

文青風正當道

自來水廠老眷舍 老建物裡驚喜尋寶趣

台中草悟道週邊巷弄刮起了一波老屋風潮，一排保留舊有紅磚青瓦的老眷舍，更是遊客來這打卡拍照的好景點之一，重新規劃的空間，小店鋪的進駐，讓人在老建築中漫步穿梭享受尋寶的樂趣同時也感受到老房子的歷史故事。

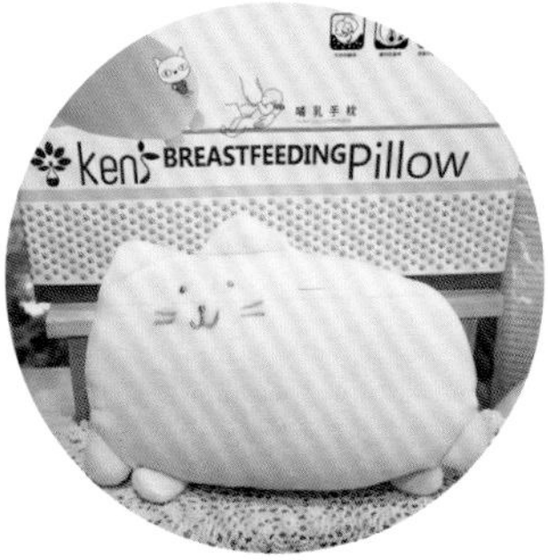

藏香古董首飾
為自己的首飾盒裡補貨

不大的店鋪擺滿了各式閃亮的珠寶首飾，古典優雅的、華麗貴氣的、清新可愛的及精緻收藏的各式風格皆可找到。

INFO MAP P185,B4
地址：台中市中興一巷 2 號
電話：(04) 2305-0502
營業時間：13:00~20:30，週二休
價格：美國古董水果別針 250~5980 元

Cani 生活
送禮就要送健康

以天然有機棉為填充材，可愛的設計日用品，鏽上名字或獨特圖案，是送給小 baby 或過敏人最好的禮品。

INFO MAP P185,A4
地址：台中市西區中興一巷 8 號
電話：(04) 2331-0157
營業時間：13:00~21:00，週六、週日 10:00~21:00
價格：小熊趴趴枕 12580 元

Mini Amer
美味十足的雜貨鋪

在一樓的 Mini Amer 從外頭就可瞧見室內擺放許多個性十足的美式小物，而門口的矮門框窄樓梯更是旅人最愛。

INFO MAP P185,A4
地址：台中市西區中興一巷 18 號
電話：(04) 2302-8608
營業時間：11:00~21:00
價格：COOPERATIVE 帆布皮革手拿包 1180 元

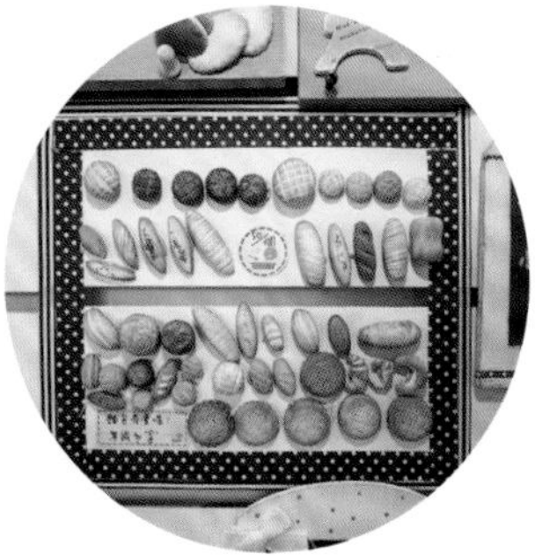

小食手感空間
動腦 DIY 一起把食物縮小

這裡不賣餐但是賣手作「食物」，採用菜單 menu 點餐的上課形式，侍者就是老師，來這體驗指尖小食的創作吧！

INFO MAP P185,A4
地址：台中市西區中興一巷 14 號 2 樓 K 戶
電話：(04)2305-0080
營業時間：週六、日體驗課 11:00~20:00，週一、二公休，平日採預約
價格：DIY 杯子蛋糕 200 元

轉彎雜貨鋪
玻璃屋內的古藝店

位於二樓露台以大片的落地玻璃為牆，裡頭擺放著各種老件家俱或是用品，喜歡老東西的人更別漏了這尋寶處。

INFO MAP P185,A4
地址：台中市西區中興一巷 8 號 2 樓
營業時間：平日 18:30~22:00，週二 公休，週六、日 15:00~21:30
價格：山羊皮護照短夾 390 元，麻布側背包 350 元

Urara 閣樓上的鹹點店
日式鹹派專賣店

取自日文うらら的晴朗之意，希望這個空間能帶給來店的旅人都有一個好心情，用食物、用熱情讓人開心一笑。

INFO MAP P185,A4
地址：台中市西區中興一巷 22 號 2 樓
電話：0912-892568
營業時間：13:00~19:00，週二休
價格：咖哩豬肉鹹派 130 元 (約 3 吋)

弎學植務所

充實生活裡的植務美學

「自幼喜歡「拈花惹草」的小朱和從事美術教職的智明，從一開始的市集、腳踏車販售植栽及乾燥花束，到成立工作室又歷經遷址後，今年在新的地方再次服務。真誠地對待前來的新、舊朋友，傾聽他們心中的訴求加以實現，看見客人的滿足的笑容是他們最大的動力。

戶外擺放正進行光合作用的植栽，室內天花板上吊滿著親自選購、自製的乾燥花，寬敞的空間裡可見各式花器及新花禮，每逢假日則會供應簡單下午茶，在被植物環繞的環境下輕鬆渡一個午後時光。

INFO MAP P185,B2

地址：台中市西區向上南路一段 33 號

電話：0927-567725

營業時間：10:00~18:00

推薦理由：
讓綠意圍繞生活每一天

The world of good

讓植物的美好及活力圍繞日常

錐形植物生態瓶

〉會呼吸的小森林瓶

選擇質感厚實的水切玻璃，內部植入常見的蕨類或苔蘚植物，只要放置在明亮的空間裡不需日曬，二到三天澆入適當的水份簡單又好照顧，不同造型的瓶身搭配著植物呈現出不同的視覺效果，也是增加室內氣氛的另一選擇。

價格：1800 元

甜點盅植物生態瓶

〉辦公桌上少不了它

專為喜愛在自己辦公桌上放置小盆栽的上班族群設計，在固定休假期間無法為植栽澆水困擾，只要放假前在盅內噴些水，蓋上玻璃罩後可保持植栽內一定的濕度，再也不怕收假回來上班後發現自己心愛的植物乾枯變黃了。

價格：550 元

珊瑚大戟綴化小盆栽

〉植物殺手的信心盆栽

精選特殊造型的多肉植物，參考其植物造型及大小搭配式學的水泥容器。以單株多肉植物種植，讓人欣賞到植物生長中不同形體的美感。

價格：1200 元

仿真植物罐

〉隨身攜帶的綠色小品

選用日本進口仿真多肉植物與空氣鳳梨和永生苔蘚，讓你實現把多肉植物或是空氣鳳梨養在罐子中。玻璃的通透性不論從那一面看進去似乎看到一座迷你小叢林，讓人感受到植物的生生不息。

價格：500~1000 元

鳥巢捧花

〉怎麼放都不怕壓

在花束外圍利用架構的方式取代紙張質包裝，彩用架構來包裝的花束更有發揮的空間，擺設的方式也更為彈性可隨性平放桌面或放置在花器裡中。

價格：500~1200 元

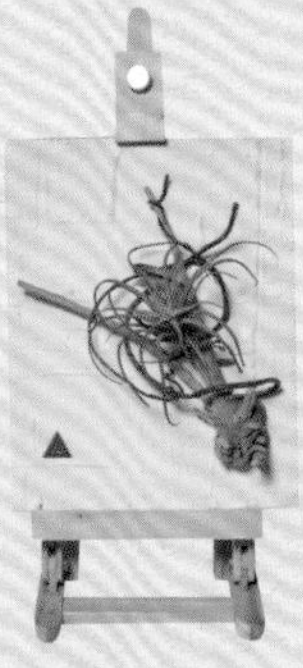

植物畫架擺件飾

〉立體植物畫

小畫布與來自海邊的漂流木結合，再放置仿真空氣鳳梨就成為一件簡單大方的桌上擺件，大小適中放置書櫃上也很有氣氛，是送禮的好選擇。鐵絲裡也可以任意更換所喜歡的仿真植物。

價格：1500 元

1. 簡單舒爽的用餐空間。2. 店家獨創的文創小物及自製果乾。3. 亮黃色的外觀，亮眼又可愛。

香醇美軍豆乳冰 VS 酸甘甜豐好．鳳梨冰專賣店

新鮮健康私家甜品比一比

近口農產品充斥市場，台灣農民的生存逐漸被壓縮，有這麼一群人注意到這些農民的困難，選擇以自己的方式幫助台灣農民，從自身做起讓更多人了解台灣本土農產品的品質優良。

沁涼的挫冰加上香濃的豆漿。
鬆軟馨香的台灣紅豆。

「要賣就要賣得健康又能幫助台灣農夫的」這是店主人設定這家店產品的初衷。不想使用進口黃豆，除了有基因改在的各種疑慮，也不希望台灣農夫的生存空間逐漸被壓縮。就是因為台灣黃豆的產量不足以供應這個市場，才會大量進口低價黃豆，直接影響本地還在生產的豆農生存空間，更進一步影響臺灣黃豆的成本。沒人買就沒人要種，主人希望以自己的微薄之力，從自己的商品原料選用台灣土地自產開始，透過這家小店把這理念傳遞出去。

美軍豆乳冰

MAP P185,B2

地址：台中市西區民生路 380-2 號

電話：0989-008801

營業時間：週三～週六 12:00~21:30，週日 12:00~18:00，週一、二休

價格：招牌豆花 45 元、豆乳冰 50 元

豐好・鳳梨冰專賣店

MAP P185,B2
地址：台中市西區向上北路 256 號
電話：(04) 2305-0058
營業時間：11:00~8:30(或售完)，週二休
價格：麻芛冰淇淋漂浮鳳梨冰 65 元、古早味鳳梨冰 45 元

向上市場附近，一間特別的鳳梨冰專賣店，醒目的黃色點餐櫃台上一只抱著鳳梨的台灣黑熊是店招牌。店內鳳梨醬使用台灣在地生產的各式品種鳳梨巧妙搭配，不只芬芳甘美，還有醒舌生津的酸冽清爽，混搭的豐富燦爛和全手工的製造真材實料，入口精彩、清涼過癮。不可錯過的還有季節限定的冰品，如台中特有風土名物「麻芛」也搖身一變成了冰淇淋，搭配鳳梨芬芳甜美，苦盡甘來的多層次韻味清涼退火，一口就沖散酷暑的頭昏腦脹。

百年建築展新藝

一起來趟時光小旅行

台中文學館

在詩句之中輕鬆漫步
在榕樹下尋找靈魂足跡

原為日治時期的警察宿舍群，中庭裡氣根纏繞、霸氣外露的百年老榕樹正是滄海桑田的見證者。

INFO MAP P.185,C3

地址：台中市西區樂群街48號
電話：(040)2224-0875
營業時間：全天開放
價格：免費

道禾六藝文化館

日式老房靜心習六藝 文化傳承新體驗

為第一代台中刑務所修道館，經修復工程完工後，搖身一變成為「新六藝」的文化私塾。

INFO MAP P185,C3

地址：台中市西區林森路 33 號

電話：(04) 2375 9366

營業時間：09:00~22:00，週一 09:00~17:00

價格：體驗六藝課程請洽小書房，日常參觀免費

忠信市場

文藝輕旅歡迎慢慢晃

MAP P185,B3
地址：台中市西區五權西路一段 67 號
開放時間：全天。

與光潔亮麗的國立美術館隔街對望且對比強烈的的忠信市場，不是那種人聲鼎沸，像是台灣常見的傳統菜市場一般，而是有點頹傾、帶點工業風味的廢墟。但常說，別以貌取人，忠信市場這地方正是這麼一個外觀會嚇跑人的地方，但在轉身繞過之前，請止步，這裡的人文底蘊，絕對比外觀更有機、

2

1

1. 在市場內可品嚐到手沖咖啡。2.3. 外圍工業風格的牛逼館子提供美式餐點，超大的份量適合三五好友聚餐。4. 除了台灣古民藝外，還能體驗茶道之藝。5. 牛逼館子招牌漢堡。

5

4

3

更豐富。座落當地一甲子的忠信市場，在1960年代的時候正是如其市場名一般，人聲鼎沸、商賈吆喝此起彼落，但隨著核心都市區轉移，人口結構改變，忠信市場慢慢的沉寂。不知道從何時開始，開始有從事創作的人們悄悄進駐了進來，就像是枯朽的腐木探出頭的鮮嫩新芽一般，安靜的、慢慢的，在原地茁壯枝幹，茂密了新綠枝枒。

忠信市場內仍厝有世居的住民，新來的、開店的，依照既有的建物結構攀附改建空間，成就了各有鮮明風格，但卻又謙和自在的店家。市場內風景的平衡，是因為強烈的對比而成的，就好像太極的符號，極黑和極白在同一個圓內恰如其分的存在自己的範圍內。在市場裡的咖啡店啜飲著來自南美洲精心培製萃取的咖啡芬芳時，隔著兩戶的人家正在家門口香煎著一尾今早由台中港送進來的鮮魚。一切的衝突，在這裡不需要有化解的理由，這正是忠信市場的獨有的協調，自在真實不做作。

貪吃鬼的午茶時光 vs 兔子洞甜點工作室愛麗絲幻境

手作甜點引爆少女心

甜食總是讓人有一種幸福滿足感，讓人感到開心的甜點，從食材的選用、味道的搭配以及外觀的呈現都很重要。一家愛自己研發、力求將簡單做到最好的樸實蛋糕，一家是有著專業經驗、有著可愛裝飾的甜點，喜歡就快來嘗嘗。

1. 藏身在巷弄裡的老宅甜點店。2. 自製的蛋糕櫃台，鄉村風十足。3. 充滿夢幻氛圍的兔子洞。

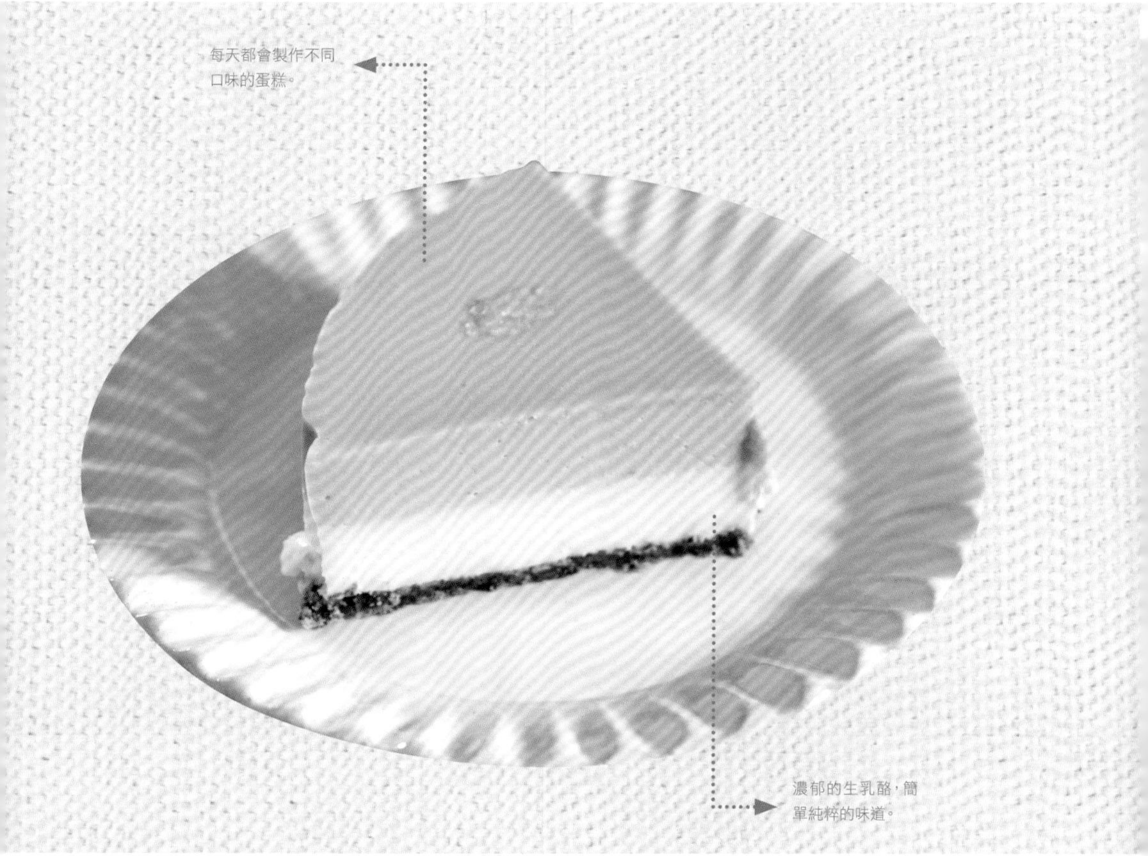
每天都會製作不同口味的蛋糕。
濃郁的生乳酪，簡單純粹的味道。

主人從發現喜歡烘培開始，就開始自行研究開發各種不同的甜點蛋糕，而認真的態度及專注，從樸實外觀卻風味細膩的蛋糕上看得出來。

就是擇善固執的堅持，製作甜點是自己要的人生道路，簡單的希望能創造一個像家一樣自在的環境，擺滿收藏多年的心愛老玩具、老物件，輕鬆自在地在老房子裡、聽自己喜歡的歌，看著空間裡的人吃著自己親手做的甜點後露出的開心笑容，就是主人最大的滿足。

貪吃鬼

MAP P185,A3

地址：台中市西區五權一街 162 巷 1 弄 3 號

電話：(04)2372-0916

營業時間：13:00~18:00，不定期休

價格：每份甜點均消 130 元（抹茶乳酪、芒果生乳酪、鹽味牛奶糖乳酪），每次甜點均不同

餡料以堆疊的方式
呈現。

格狀凹槽可烘烤各
種小菜。

兔子洞甜點工作室

MAP P185,B3
地址：台中市西區五權西一街 127 號
電話：(04) 2375-0388
營業時間：13:00~20:00，週日 13:00~19:00，
週一休
價格：均消 100~150 元

有著二十多年烘培經驗
的師傅，以愛麗絲夢遊仙
境裡的下午茶會為發想，
經營以法式甜點為主的蛋
糕店。蛋糕大小以一人份
的量，層層堆疊起的餡料
帶給視覺華麗的豐腴感，
裝飾精緻，還沒入口就先
讓視覺滿足了一輪，令人
捨不得入口。

店內處處可見可愛兔子
的身影，還有女主人從各
地收集帶回的兔子小物牆
面的彩繪主題鮮明，二樓
點綴著粉紅、白色相間的
紗帳，用餐空間浪漫柔美，
趁著風輕日和，和姊妹淘
們一起下午茶吧。

土庫里的小清新散策

巷弄漫遊尋好物

偶爾趁著空閒的時間裡，也許只身一人或是二三好友成伴，
散步也好騎單車也好，穿梭巷弄間，
尋找令人動心的趣味店。

在中美斷交前這區域是美軍眷屬的棲所，幾次都更後，仍保留部份的洋房建築，這裡也是台中文創集中區域，而狹小蜿蜒的巷弄，安詳悠閒的氛圍，更是吸引許多喜歡徒步漫遊或是騎著單車的旅人來此找尋趣味個性小店。

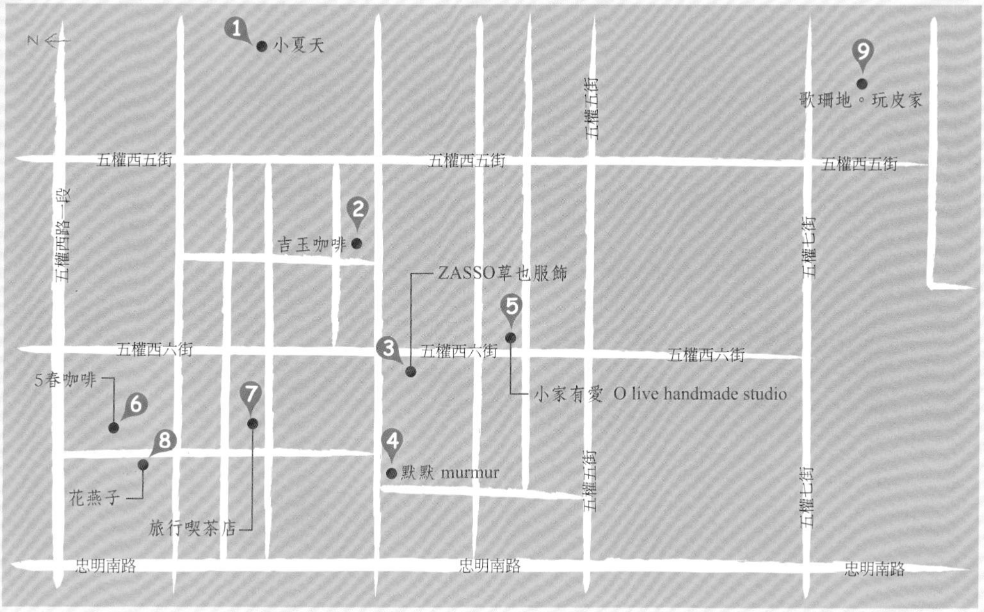

N
1 小夏天
9 歌珊地。玩皮家
五權五街
五權西五街
五權西五街
五權西五街
五權西路一段
2 吉玉咖啡
五權七街
ZASSO草也服飾
5
3
五權西六街
五權西六街
五權西六街
五權西六街
5春咖啡 6
7
小家有愛 O live handmade studio
8
4 默默 murmur
花燕子
旅行喫茶店
五權五街
五權七街
忠明南路
忠明南路
忠明南路

must drink

用味蕾環遊世界

喜愛旅行的主人，喜歡用食物編織旅行的記憶。把不同城市獨有的風味帶回來，用舌尖上的味蕾創造另類旅行，分享屬於旅行的故事。

must buy

設計品牌不退流行

希望提供能長久使用、不受時尚潮流影響，不論多少年後再使用仍是經典的實用設計品。嚴選商品的產地材質、製作工法，製作細節上的處理設計，更是草也選物的標準。

must play

天然的日用品自己做

用玩的方式讓來店的客人製作出屬於自己的肥皂。利用自然的染料在手工皂上就可玩出不同效果的作品，像幾可亂真的杯子蛋糕皂或母乳皂，快來這天馬行空 DIY。

1 小夏天
幸福滿懷的越南料理

一間舊式樓房前擁庭院，店裡角落藏有越南及法國的元素點綴。主要想呈現越南在法國殖民時代下的美食，真材實料又味美收獲了一批忠實粉絲。

INFO

MAP P185,B3

地址：台中市西區五權西四街 13 巷 3 號
電話：(04)2372-6763
營業時間：12:00~15:00、17:30~21:00，週一休
價格：越南滴露咖啡 120 元

2 吉玉咖啡
親子趣味的手作教室

店名就是可愛雙胞的名字組合，空間除了簡單的早餐及飲品外還是個充滿溫馨的手作課程工作室。

INFO

MAP P185,B3

地址：台中市西區五權三街 266 號
電話：(04)2376-7227
營業時間：週一 ~ 四 08:00~14:00，週六 08:00~12:00，週三、週日休
價格：寒、暑假餐點需事先預約

3 ZASSO 草也 服飾店・雜貨專賣店

高質感的服飾雜貨店

獨特風格又實用的設計師作品，從材質、細節處理、功能應用皆與眾不同。

INFO MAP P185,B3

地址：台中市西區五權西六街 72 號
電話：(04) 2372-8072
營業時間：11:00~20:00，週一休
價格：日本設計師 totokoko 手染牛皮 IPAD 包 5300 元

5 小家有愛 O live handmade

快樂玩耍享受健康生活

希望傳達手作皂的美好，讓生活更好、身體更好、環境更好。

INFO MAP P185,B3

地址：台中市西區五權西六街 101 號
電話：0938-375951
營業時間：13:00-19:00，週六 10:00~17:00，週日 15:00~19:00，週三休
價格：蘇芛手工皂 250 元，無香味手工皂 150 元

4 默默 murmur

日式飯糰輕食簡單

老屋裡提供日式飯團輕食、烏龍麵或一份煎餅，簡單美好。

INFO MAP P185,A3

地址：台中市台中市西區五權三街 331 號
電話：(04) 2372 5718
營業時間：10:30~16:30，週一休
價格：培根恰恰 169 元，炭火輕烘培玄米綠茶熱壺 109 元，蘋果黏黏 149 元

7 旅行喫茶店

用味蕾玩遍全世界

歡迎愛旅行的旅人，在這空間裡一同分享旅行記憶中不同城市的味道，各國在地特殊飲品及飲食文化，這裡都可以分享。

INFO

MAP P185,B3

地址：台中市台中市西區五權西六街 20 巷 15 號
電話：(04) 2376-6298
營業時間：週一 12:00~17:30，週五～週日 12:00~19:00，週四休、每月 1~7 日
價格：均消 160 元

6 5 春咖啡

堅持手作烘培的好味道

堅持自已烘焙豆子，和更多人一同分享。每批豆子因烘焙、沖煮等不同方式產生獨特的味蕾享受。

INFO

MAP P185,B3

地址：台中市西區五權一街 162 巷 2 弄 5 號
電話：0970-979347
營業時間：14:00~21:00，週六～日 13:00~21:00，週四休
價格：單品咖啡 150 元

9 歌珊地。玩皮家

皮革創作自己來

小小的空間提供了喜歡皮革 DIY 的愛好者一個盡情創作的地方。

INFO

MAP P185,B3

地址：台中市西區五權七街 125 巷 34 號號
電話：(04) 2372-9026
營業時間：19:00~22:00，週六、日 14:00~22:00，週一、二休
價格：依課程內容酎收不同費用

8 花燕子

一起感受老物件的靈魂

還原了屋子最原始的樣貌，空間裡每一件老物件或傢俱都有故事，更是一個手作分享空間。

INFO

MAP P185,A3

地址：台中市西區五權一街 162 巷 1 弄 1 號
電話：(04) 2376-4300、0937-242336
營業時間：預約授課
價格：藍染課程方巾 350 元、圍巾 650 元。

雜貨控一次逛透透

鄉村風可愛風古典風通通有

便宜又大量的塑膠器具、特價又一成不變的燈具，日常中全是這些統一制式化沒有溫度沒有個性的用品，這樣的生活多麼的無聊沒有趣味。辦公桌上擺上可愛的擺件，家中增添一盞獨具個性的燈具，或許一件趣味小物就能讓你心情歡愉一整年。

Bonbonmisha 法國雜貨

都市中的小法國味

民宅區裡，外觀未經任何改造或裝潢，一不注意很容易錯過的的低調店家。空間內滿滿的雜貨可愛的、優雅的、古典的或現代的，因法藉的男主人在法國有經營一家酒莊，所以店裡除了雜貨還能見到一些酒品。

INFO MAP P185,B3

地址：台中市西區五權西五街 20 巷 6 號
電話：(04) 2376-2125
營業時間：週六、日 11:00~12:30、14:00~20:00，週一、二休，週三～週五預約開放
價格：草編可樂鞋 1280 元，小縫紉機 3180 元

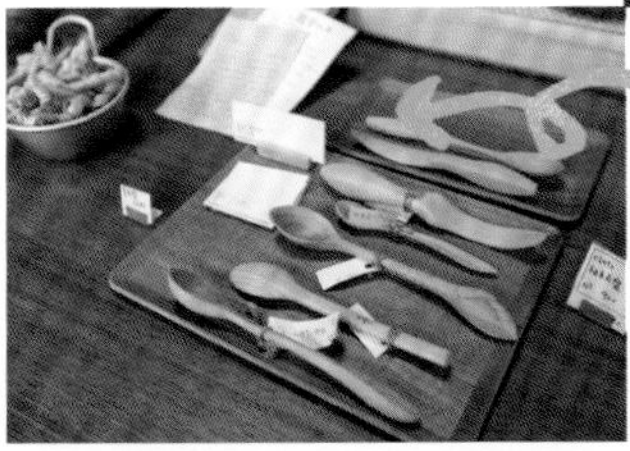

Cameza plus

攝影迷雜貨控的小空間

空間裡除了進口物件外還能找到不少國內設計家品牌，當然拍立得相關收藏品更是少不了的。

INFO MAP P185,B3

地址：台中市西區五權西五街 20 巷 7 號
電話：0911-951721
營業時間：平日、週日 11:00~20:00，週五、六 11:00~21:00，週一休
價格：橘紅扇型包 2880 元

Angel LaLa

兔子當家萌翻你的心

如童話小屋的 Angel LaLa 是日系雜貨迷們必逛的店，空間內到處可見的兔子，白色仿舊感和粉嫩雜貨顏色，保證讓人受不了。

INFO MAP P185,B3

地址：台中市西區美村路一段 564 巷 1 號

電話：(04) 2375-0533

營業時間：週一～五 10:00~19:00，週六、日 10:00~20:00

價格：均消 100~3000 元

小戶人家

日式老宅也鄉村

在白牆黑瓦的京都風老宅裡，精心羅列滿滿的舊貨老件，總是能勾起人們心中的探索慾望。裡頭許多小物都是主人自國外親挑回來的精品，更有市集裡的珍稀手作物。

INFO MAP P185,B2

地址：台中市西區模範街 40 巷 12 號

電話：0958-958813

營業時間：週一～四 13:00~18:30，週五、六 13:00~20:00，週日 13:00~18:30

價格：鄉材風鐵製復古作舊水桶花器 1399 元

老樣子咖啡雜貨

經典傢具及雜貨再延續

是最早經營北歐經傢具的店家之一，店內陳設高雅隨興，佔據一方的老音響，哼著暖暖的曲子，空間內販售陳列的椅子也是座位，處處精彩的精選雜貨，分享美麗的生活概念，是主人衷心想傳遞的。

INFO MAP P185,B3

地址：台中市西區五權西二街 58 號

電話：0928-902918

營業時間：平日 14:00~21:00、六日 13:00~21:00，週二休

PUGU 田園雜貨

屋內就是一座小森林

MAP P185,B3

地址：台中市西區美村路一段 596 巷 3 號

電話：(04) 2377-0030

營業時間：10:00~19:00，週六、日 10:00~20:00

價格：日本進口森林動物樹脂 1200 ～ 3600 元

台中的「美村路」依城市演進的脈絡來看，你要說他曾是進出「美軍村落」的主要道路一點也不為過。PUGU田園雜貨所處的區域在1950年代可都是駐台美軍的眷舍。原本是風中殘燭的老屋，在店主人一筆一畫的手繪出設計圖下，加

1. 一樓的戶外露台，可坐在高腳椅上欣賞庭園。
2.5. 宛如小森林的室內空間，讓人坐了就捨不得離開。3. 二樓有著浪漫的佈置很適合拍婚紗。
4. 主人精心設計的吧台即將提供簡單的餐點。

上不放過每一個小細節的嚴謹態度，搖身一變成了充滿著靈氣的美麗店面。從小在雲林西螺長大的店主人，對小時候的那份單純記憶，成為她改造老屋的初衷。

親自繪製設計圖和聘請工班，且全程參與改造過程，經歷了寒暑和將近20個水電木工師傅，其辛苦絕非局外人可以想像的，但主人仍像是如她自述，那一個在一大早睜開眼，就快樂地奔馳在自家菜園裡追逐粉蝶的小女孩，把持著心中的童趣和純真美好，巧妙的臨場應變，保留了很多原本會被棄除如舊樑、鐵窗等現代早已不復見的舊時代建物元素。天花板懸著的樑，甚至是主人在颱風天之後，不捨路倒的樹木會被當垃圾處理，一株株費盡心神拖回來，巧妙的和一樓的環境結合，在室內打造出如森林小屋的奇幻空間。

陳設的商品就跟屋子一樣豐富，挑選商品就像在森林裡尋寶，如果荷包不看緊點，可以是會一起迷離失散在這一個如童話故事一般的空間裡。

拾光機

聆聽百年老屋的呢喃

一度荒廢的民宅，曾是天花板塌陷的半毀狀態。慢慢整理修復的過程中，它慢慢訴說了許多故事。歡迎來到這裡，找到喜歡的一隅，坐下來，喝杯茶，和它共同分享時光的軌跡。

INFO MAP P185,C3

地址：台中市西區自治街 36 號
電話：(04) 2372-3733
營業時間：13:00~21:00，週二休
價格：棉花糖吐司 100 元

快跟上，品嚐美味
幸福一日

精誠商圈吃喝一整天

慢慢吃、慢慢逛快樂滿足大胃王

N
大隆路
精明一街
台灣大道二段
The Factory
Mojocoffee
5
精誠五街
大隆路
綠光咖哩。味自慢
4
3
忠明南路
1
耶濃搖滾豆漿
6
精誠八街
2
R星咖啡
大業路
大業路
大墩路
Belle Journée貝爵妮法式點心坊
7
沒有名字的咖啡館
岩手炭火燒烤
公益路二段
公益路
公益路

1 耶濃搖滾豆漿

喝了會飽就是搖滾

以「全食」的棚念，讓豆漿也能飽腹。推出各種口味豆漿，風味獨特又創新。

INFO MAP P185,A1

地址：台中市西區精誠路 118 巷 3 號
電話：(04) 2328-4489
營業時間：08:00~20:30，週六、日 09:00~19:00
價格：早午餐 188 元，優格豆乳 60 元

台中的精誠路商圈，在1960年代曾是眾多駐台美軍的眷舍區，小巷連綿但建物及道路卻如棋盤般整齊座落，恰是夾在精誠路與忠明南路兩條主要幹道中間的區域。雖然當時駐守的美軍老早就離開了，但直到現在仍是相當多外國朋友來台中居住的首選地段。也因如此，十幾年來，世居台中的人們便稱這地段是「精誠小歐洲」。正是這裡道路分布方正易懂，路狹行車少，是最適合散步漫遊的地方，放下手中的地圖，不需要讓自己的心有迷路的壓力，沿著路走，或許腳步慢了下來，習慣快速移動的感官更能在慢行的過程中感受到更多因溫吞才有的精彩，那怕是精心整建的老房屋瓦在夕暉下染金耀眼，或是鼻息間嗅得那一份屋裡溢出的美食芬芳，是咖啡的爽朗還是蛋糕出爐撩撥肚中饞蟲，隨時，歇下腳步，挑一扇散出你最愛氣

味的門，更多的驚喜就等你踏尋。

悠閒的一日，不妨由早午餐開始。一開始在有著台中後花園之稱大坑發跡的「耶濃搖滾豆漿」最懂得一天精力源於早餐這件事，提倡「全食」概念的他們，香滑濃郁的豆漿可是完整收錄了整顆豆子的精華，一杯下肚，飽足感滿點。R星咖啡裡，雖找不到登陸地球的R星人，但是店裡喵星人可不少！二樓兼營攝影工作室的店，不只陳設細節豐富，餐點更是搭配精心。愛心滿滿的主人還在店裡為貓咪們打造了專屬的廂房，讓有些原本是浪浪的他們，有個安心的中途居所。店外不時飄散香甜氣味的貝爵妮法式點心坊，不只有風味精巧的法式甜點，還有獨門的熱蛋糕，滿足你隨時吃到剛出爐甜點的願望。前庭有著一片綠草皮的mojo，既然是名前冠factory，當然保證自家賣的咖啡，從生豆、焙炒到熬成咖啡端上桌，都是一間包辦不

2 R星咖啡

貓奴、攝影控必來

這是一個愛攝影、愛貓咪的小店，牆上滿是貓咪的攝影照，設有和喵星人互動的遊戲室。

INFO MAP P185,A1

地址：台中市忠明南路 101 號
電話：(04)2326-8385
營業時間：10:00~22:00
價格：喵喵鬆餅 219 元、口袋麵包 159 元

假手他人。

吃頓精巧卻又食慾不振，換個口味來份香氣濃郁的日式咖哩吧。綠光咖哩不只店裝潢文青，食器里盛的也是一碗小清新，香氣濃郁的咖哩佐了爽口的酸奶，不似一般咖哩的厚重，而是一口接一口的清爽滿足。小巷弄裡沒有招牌又沒有名字的咖啡館，想為自己添上一杯醒腦的香醇，一定要先開啟偵探般的觀察雷達，免得店門口來回經過數次，仍不得其門而入。調製咖啡經歷豐富的店主人，呈上的每一杯飲品都是多年經驗累積的精緻，店則是深藏市街的清幽宜人，是最適合整理旅途思緒的天地。若是想要一口氣補滿散步小旅行消耗的熱量，有著夜店般氣氛的岩手日式炭火燒肉則是最理想的去處。店裡提供的菜單，想來頓豐盛或是吃的精巧都沒問題。如果擔心自己的烤肉技術不好，親切專業的桌邊服務保證入口的好料，一定會是最恰當的山珍海味。

3 Belle Journée 貝爵妮法式點心坊

日式和洋的點心坊

飄散香甜氛味的法式點心坊，改良過的甜點清爽不膩，獨門熱蛋糕更是不能錯過的美味之一。

INFO MAP P185,A1

地址：台中市西區精誠五街 34 號
電話：(04) 2320-8297
營業時間：11:00~21:00，週四休
價格：舒芙蕾 160 元

5 綠光咖哩。味自慢

和式咖哩專賣店

濃濃文青風格的用餐空間，餐點也是一碗小清新，香氣濃郁卻清爽的咖哩，很受年青人喜愛。

INFO MAP P185,A1

地址：台中市西區精誠路 19 號
電話：(04) 2326-6165
營業時間：11:30~14:30、17:00~21:00，週二休
價格：均消 120~220 元

4 The Factory Mojocoffee

巷弄裡的綠地小清新

台中小有名氣的咖啡烘焙基地，它就像一處街角的小風景，路人可在這街角放鬆。

INFO MAP P185,A1

地址：台中市西區精誠六街 22 號
電話：(04)2328-9448
營業時間：09:00~18:00
價格：拿鐵 130 元

7 岩手日式炭火燒肉

桌邊服務或自己動手任君挑

坐在吧台座位上，看著師傅的食材處理秀，嘴裡吃著美味無比的燒烤，享受視覺與味覺的雙重滿足。

INFO MAP P185,A1

地址：台中市大英街 436 號
電話：(04) 2321-5757
營業時間：17:00~ 凌晨 01:00
價格：單點均消 250-350 元，另收服務費

6 沒有名字的咖啡館

均一價的單品咖啡

沒有名牌、沒有名字的咖啡店，是內行咖啡人最愛的秘密咖啡館。

INFO MAP P185,B1

地址：台中市西區公益路 174 巷 212 號
電話：fb 連絡
營業時間：13:00~20:00，週三休
價格：咖啡 100 元

文青風正當道

炎炎夏日就是愛呷冰
不用到日本也能大口吃

不同於粗礪晶瑩的刨冰，細緻綿密的雪花冰搭配各式繽紛色彩的配料，光是滑順的口感，就不知擄獲多少愛吃甜食的人。近來製冰的達人們巧思無窮，不只口味、原料用盡全力，就連吃冰的地方也講究，不論是古蹟、老房還是巧匠細工的裝潢，任君選擇！

The world of good

真正透清涼

只融你口不融你手

路地氷の怪物

快來補捉多色怪物冰

日風十足的外觀，可愛的碳頭怪物就在等候座上迎接人們的到來。

用餐區分為榻榻米式及一般座位，還有戶外用餐區，皆可任選。

雙色口味的雪綿冰，配上圓滾滾的大眼，變身為可愛的怪物冰。

INFO MAP P185,B2

地址：台中市西區存中街 61 巷 1 號
電話：(04) 2376-6776
營業時間：12:00`21:00
價格：怪物冰 200 元

昭和沙龍

招財貓冰融化你的心

重新整修完成的台中市定古蹟「市役所」，又將重新綻放它的美。

二樓早上開放為展示區，一樓則是由古典玫瑰園代為經營的用餐區。

除了簡餐外，還有特色招財貓雪花冰，一定不能錯過。

INFO MAP P185,C3

地址：台中市西區民權路 97 號（台中市役所內）
電話：(04) 3507-7357
營業時間：10:00~21:00、二樓展覽只到 17:00，每月第三週的星期一休館

三星園京都宇治抹茶

霸氣將軍冰

以日本商船的概念呈現，一入內就要買票登船，趣味十足。

不大的空間裡，利用樓梯的高低差，分隔出閣樓座位區。

以高品質的抹茶粉製成的冰品，讓客人享受古代將軍專屬美味。

INFO MAP P185,B1

地址：台中市西區館前路 71 號
電話：(04) 2322-0129
營業時間：週一 11:00~16:30，週二～日 11:00~21:00
價格：將軍的眼淚 150 元

2

1

綠園道

勤美術館周邊的綠園道近年來成了台中必訪景點，不只展覽內容更新頻繁，假日時綠園道周邊還有相當豐富的活動和街頭藝人展演

INFO MAP P185,B2
地址：台中市西區公益路 68 號
電話：(04)2328 1000
營業時間：戶外全天，勤美誠品 11:00~22:00

以勤美術館為中心，緊鄰的綠園道在近年已成了不少人到訪台中的第一站。勤美術館的戶外展示區，不定期更新頻繁，不但新鮮精彩，且絕大多數都是不需收費的。非假日時期綠園道氣氛愜意輕鬆，帶上一本書在這裡享受藍天綠地或是呼朋引伴來場野餐都相當適合，假日時綠園道則搖身一變成為市集區域，且有別一般的市集，這裡會有公益團體替流浪的毛小孩找新主人的寵物認養活動，是少見的熱鬧又溫馨。

緊鄰綠園道的美村路

二７巷，則是風格小店的集中營，不只有手工甜點，還有風味奇趣的手工小物，巷子裡每一家店風格都不一樣，小小的一段路總是讓人一不注意時間就消磨掉了半日時光。與綠園道垂直接壤的小巷弄，是充滿驚喜的美食集中地，近在咫尺的街口集合了不只十家美食，不但有老字號的書報館，新潮的異國小吃和精緻的手工甜品這裡一應俱全，吃飽吃巧全在這步行不到10分鐘的範圍裡搞定。

待夕陽漸漸為天邊兜上一抹橘紅的時候，就是街頭藝人大出籠，開始拿出壓箱絕活，替這裡熱鬧的氣氛加上再一波高潮的時候，小孩欣快的嬉鬧、寵物們盡情奔跑、往來的人們臉上帶著止不住的微笑，空氣裡漫著慶典般歡快氣氛，喜歡熱鬧的你，一定得來走走。

6

3

4

1. 綠園道附近也有一些經營很久的老店。混搭中式風格的義大利麵餐廳是聚餐的首選之一。2. 在美村路117巷裡民宅間穿插了特色小店及工作室，這裡更是散步的天堂。3. 利用工廠改建的書報館，天花板上高掛大紅燈籠別有一翻風味。4. 榕樹下的書報館。5. 日式風格的冰淇淋。6. 份量超足，真材實料，是學生喜愛的餐廳之一。7. 勤美術館廣場不定期會有各種活動展出，更是遊客拍照的好景點。

7

5

台中州廳

沉浸舊日美好時光

MAP P185,C3

地址：台中市西區民權路 99 號

電話：(04) 2227-6011

營業時間：08:00~17:00

價格：以不打擾辦公為主，免費參觀

始建於1912年的台中州廳，在日治時期是大台中地區、南投、彰化的行政樞紐單位。現今留存的建築體規模是1934年完成的。台中州廳與台北州廳〈監察院〉及台南州廳〈今國立文化資產研究中心〉皆是同時期興建的建築體，但唯有

1. 牛眼窗是 19 世紀流行的建築語彙。2. 午後陽光射入，穿梭在古老建築的走廊間，像漫步時間的迴廊裡。3. 版瓦的屋頂上也有牛眼窗。4. 大廳裡通往二樓的樓梯。5. 夜晚的台中州廳。

台中州廳因為以往中央政府著重台灣南北建設，未把建設重心放在台灣中部，意外保存了台中州廳的完整性，直到今日，仍保有絕大部分原始建築體。

台中州廳在大台中自治史上扮演相當重要的角色，曾經歷不同行政單位進駐，直到台中縣市的行政單位整併後，所有單位移到新市府大樓，台中州廳才又重新開放為公共空間，供大眾參訪。

建築物本體是仿造法國馬賽的風格為設計宗旨，屋頂深藍的板瓦和牛眼窗充滿 19 世紀歐洲風格建築語彙，一樓代表男性雄偉的 Doric Order 柱子型式和二樓有 24 凹槽、代表女性優雅的 Doric Order 柱式互相呼應，巧妙融合在正立面和風濃烈的山牆裡，每次到訪總有令人置身異國的錯覺。內層建物的紅磚結構體綴有白色綾帶，專屬其時代的影像符號，不言自明。

聯想起台中的意象總是台中公園的湖心亭或是昂然佇立在東海大學裡的路思義教堂，但最能真實反映台中都市脈絡的歷史建物，其實是這裡，百年風華、魅力依舊的台中州廳。

中區 南區

5件來這裡必做的事

1 台中最老的木雕店
手作記憶讓老木綻新意

在四周都是水泥樓房處一幢木構矮樓房卒立其間，這就是「陳彫刻處」固執地保留與數十年前相同的樣貌，始於日治時期傳承三代的木雕工藝，它見証台中雕刻業的初始及時代的變遷。如今在保有傳統雕刻外，更加入新的思維及設計，將傳統工藝回歸生活本質，延續其歷史與精神。以體驗課程的方式讓這項傳統的雕刻技藝擴散出去，彼此交換切磋，讓新的想法、概念和固有傳統技藝結合再現熱情。

INFO

陳彫刻處 COMMA MAP P186,A1

地址：台中市中區仁愛街 8-7 號
電話：0936-827189
營業時間：09:00~18:00，週日休，週六預約
價格：動物磁鐵 320 元

2 青草街日日飄散藥香
四季都能養生

在成功路 90 巷內，一條不起眼的巷子卻是台中獨具特色的街坊。巷子裡聚集多家草茶行，販賣著多達六、七百種的草藥材，有遵循古法煎煮的青草茶飲品，也可洽詢專業自行買藥草回家煎煮。

INFO

百草街 MAP P186,B2

地址：台中市中區成功路 90 巷

漢強百草店 MAP P186,B2

地址：台中市中區成功路 90 巷 1-1 號
電話：(04)2226-6619
營業時間：09:00~21:00，過年休
價格：青草茶小杯 15 元，大杯 25 元，一瓶裝 80 元

5 街邊攤販變小店
想吃不用再趴趴找

許多老店一開始都是從流動式的攤販做起，還記得小時為了吃這一味，除了要抓準時間外有時還得跟老闆玩躲貓貓，現在有了舒服的空間，就更不用擔心找不到老闆。

INFO

瑪露蓮仙草冰 MAP P186,A2

地址：台中市中區中正路 133 號
電話：(04)2228-8359
營業時間：10:30~21:00，週日 ~19:00，週一休
價格：嫩仙草單點 40 元，綜合 60 元

幸發亭蜜豆冰本舖 MAP P186,A2

地址：台中市中區台灣大道一段 137 號
電話：(04) 2229-3257
營業時間：10:00~22:00
價格：招牌蜜豆冰 80 元

4 日治時期的老教堂風華
外拍搶眼景點

為依梅甘霧牧師提供的英國教會圖樣所興建在大正時期竣工，原教會舊教堂平面是簡單的長方形平面，是早期基督教教堂的基本造型，也稱為「巴西里卡」平面，當時因造價低、採光好、視線佳，是最早的簡單教堂範例，二戰後更歷經多次大興土木增建及維護。在蔚藍晴空下的柳原教會，藍與紅的對比強烈地讓人忍不住佇立欣賞，優雅的教堂外觀更是附近婚紗店最近的外境拍攝點之一。

INFO

柳原教會 MAP P186,A1

地址：台中市中區興中街 119 號
電話：(04) 2222-2749
營業時間：09:00~17:00，週日休
價格：免費

3 歷史建築化身新景點
老建物的新春天

來眼科不是來給醫生看，去信用合作社不一定要開戶，體驗在老診所內吃冰，在銀行內和金庫保險箱合照，滿足日常做不得到的新鮮事。歷史建物結合創意，利用原格局並加以利用，這就成為最夯的旅遊景點之一。

INFO

宮原眼科 MAP P186,B2

地址：台中市台中市中區中山路 20 號
電話：(04)2227-1927
營業時間：10:00~22:00
價格：雙球 160 元

第四信用合作社 MAP P186,A2

地址：台中市中區中山路 72 號
電話：(04) 2227-1966
營業時間：10:00~22:00
價格：滷味 200 元、豐仁冰 150 元

台中中山公園

隱藏版歷史景點大揭秘

位於台中市區的台中公園，一直以來都是台中市重要的地標，也是許多台中人從小到大玩樂休息的好所在，不論運動、或是湖心亭上划船，有家友相聚休憩的場所，也有情侶訴說愛意的閒情角落；對旅人而言，是全台首座的百年公園，興建於日治（明治）時代歷史悠久，公園內保有的遺蹟古意盎然，由於地利之便，前往熱鬧的商圈及車站都相當方便，適合走趟歷史長廊稍做休息後再繼續前往下個旅程。

公園裡隱藏著許多關於台中發展的時光痕跡，小坡上的涼亭、綠地旁古色古香的小樓或是樹蔭下一塊石碑等，除了美麗，更是隱含台中前世今生的重要印記。

INFO MAP P186,B1

地址：台中市北區雙十路一段 65 號

營業時間：全天候開放

價格：免費

The world of good 涵容台中前世今生的重要印記。

三角原點

〉台灣第一次的三角測量開始

1900 年 8 月於砲台山設置三等三角點第 89 號，以此為原點展開台灣史上第一次的三角測量。1984 年在原點之上包覆設立「台灣地籍測量三角原點中心碑」，並銘文以誌。

更樓

〉台灣僅存的中式更樓

建於 1889 年，原為台中仕紳吳鸞旂的公館。1983 年，台中市政府為保留公館遺址，將更樓部份遷建於台中公園內，是目前台灣碩果僅存的中式更樓建築物。

神社遺址

〉台中日治時期第一代神社

台中公園內的孔子雕像處，是日治時期的第一代神社遺址。1942 年因神社遷址，公園內的神社主體被拆除。原本在公園各角落的 17 座奉獻紀念碑，現在皆集中保存此處。

望月亭

〉僅存的台中八城門之一

為公園山坡上一座涼亭，清朝省城遷至大墩時所建的城垣之一，而後移至公園內。亭中「曲奏迎神」匾額，是台灣知縣於 1891 年所題，是台中公園歷史最久的紀念物。

湖心亭

〉台中市府的意象

台中市地標湖心亭，亭子水面下以混凝土柱支撐，平台上樑柱以木架為主結構，屋頂尖端以四脊圓弧交叉為頂高設計，造型古典優美，為遊客到訪必留影紀念之處。

放送頭

〉全台僅有二座之一

建於 1930 年，此播音台為日治時代台中放送局於公園內建造的廣播擴音台，台語名為「放送頭」，光復後由中國廣播公司接收，一直運作到 1960 年代才停用。

時間精練的傳統甜品

古早味甜在心 深植記憶裡的美味

貫穿時空的美好甜心風味在台中市中區尤其多，說是慣壞一家三代的味蕾也不為過，遊子鮭返必定報到解鄉愁的甜蜜，也請你一起嘗嘗，說不定，這會喚醒你心中那一份曾經遺忘的記憶。

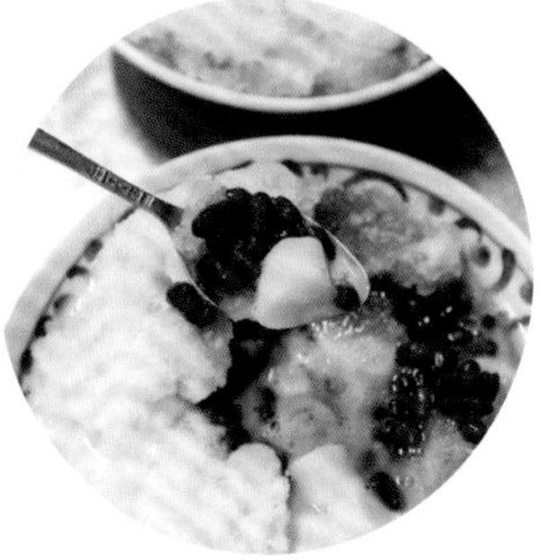

四季春甜食店
四季春甜食店

不同一般冰店，現店就為你現煮的白湯圓直接放在冰裡，Q 軟有嚼勁。小時愛吃的麵茶加上剉冰，夏日專屬歷久彌新好風味。

INFO MAP P186,A1
地址：台中市中區光復路 108 號
電話：(04) 2227-4326
營業時間：14:00~21:00
價格：麵茶冰 50 元、三種冰 50 元

阿斗伯芋頭冰
傳承 50 年的傳統懷念好滋味

冷凍芋及烤吐司是每桌必點的，看似簡單卻又美味無比，Q 軟香滑的芋頭，擄獲的味蕾可數不清。

INFO MAP P186,A1
地址：台中市中區興民街 22 號前 (興民街與成功路交叉口)
電話：(04) 2221-8061
營業時間：14:30~ 凌晨 01:00
價格：冷凍芋 35 元、烤土司 20 元

天天饅頭
令日本旅人驚訝的家鄉味

手工現包、現炸的紅豆小饅頭，這是道源自於日本的路邊小吃，60 餘年來獨門美味僅此一家絕無分號。

INFO MAP P186,A2
地址：台中市中區台灣大道一段 336 巷
電話：(04) 2225-0868
營業時間：09:00~19:00
價格：每粒 5 元

龍川冰菓室
傳承四代逾 60 年的古早冰

用當季新鮮水果做成的剉冰，淋上自家熬煮糖水，看似粗曠，味道細膩豐富，獨家果醬想買還得趁早哦！

INFO MAP P186,A1
地址：台中市中區中華路一段 96 號
電話：(04)2225-9436
營業時間：15:30~23:00
價格：龍川手工果醬大瓶 150、小瓶 60，烤吐司 25 元，水果牛奶冰 90 元

瑪露蓮仙草冰
四十多年的柔滑鮮甜味

又滑又嫩的仙草，再搭配上一球奶油球，鮮甜帶奶香的味道，還來不及細細品味不小心就滑入喉嚨。

INFO MAP P186,A2
地址：台中市中區中正路 133 號
電話：(04)2228-8359
營業時間：10:30~21:00，週日 ~19:00，週一休
價格：嫩仙草單點 40 元，綜合 60 元

幸發亭蜜豆冰本鋪
百年老店重新出發

從推車式的冰品，一路走來不斷搬遷讓老顧客一度好找，如今又再度在中區落地再出發。

INFO MAP P186,A2
地址：台中市中區台灣大道一段 137 號
電話：(04) 2229-3257
營業時間：10:00~22:00
價格：招牌蜜豆冰 80 元

台中火車站休日出遊去

來一趟心情轉運站看創藝

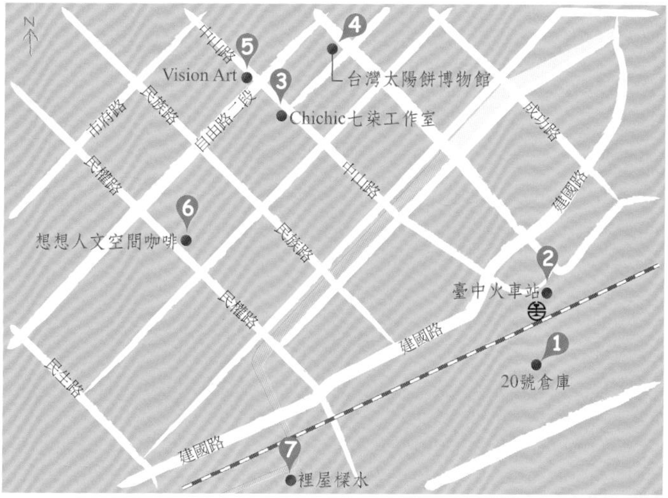

1

20 號倉庫

藝術種子在此萌發

位於後火車店的二級古蹟 20 倉庫，為台中地區鐵道產業的珍貴文化財，是重要的人文環境和歷史資源。

INFO MAP P186,B3

地址：台中市東區復興路四段 37 巷 6-1 號 1 號
電話：(04) 2220-9972
營業時間：09:00~18:00，週一及國定假日休館
價格：免費

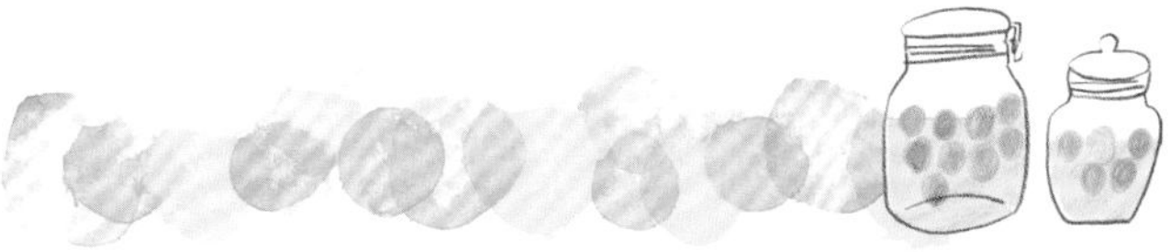

步出台中火車站所感受到城市節奏，就是像是樂章的行板，恰恰好，讓人不禁邁著步伐，依這城市節奏，踏訪新奇的精彩，就從走出火車廂、步進台中火車站開始。人龍川流的火車站在新的高架站區完工後將卸下交通樞紐的任務，但並不代表自此凋零在歷史中風華盡失，而是就地成為博物館，這棟見證滄海桑田的建物就像是一本經典的好書，正待著你一頁頁的翻閱品味。火車站旁的20號鐵道倉庫，在重生成為台中地區的文藝復興場所後已有一段時間，但其中的創作新血更替，為台中鼓動著的藝術脈搏源源不絕的注入新力量，20號倉庫不僅是創作者盡情揮灑創意、將作品實體化分享給世人的創作基地，也是一個展示創作能量火花燦爛的展演場，踏訪此處，可別吝嗇臉上的微笑，那一份與創作者零距離的互動，或許能為旅行留下更深

刻的足跡。

如果跟創作者的心靈交流有了悸動，想在旅途中揮灑創作，為自己留下永久的紀念，台中市中區內的工作室一定能滿足你。離火車站不遠的「Chichic七柒工作室」，除了現場有販售店主人專業設計塑造的金工創作成品，還提供專業的器材和製作指導，依照當下的意念，在專業人員的指導下，為原是冰冷的金屬灌注專屬於你的溫度。或者，立體的作品無法適切的表達那一份當下，就在同一條路上的「Vision Art」繪畫工作室，為你備好畫布顏料，在工作室主人精心準備且舒適無比的環境裡盡情揮灑，為心中的感受留下紀錄。不需要擔心詞不達意，Vision Art工作室裡不但畫布大小任君挑選，還備有完整繪畫所需的用具，參考資料更是一應俱全。完成的心血也不須擔心帶不走，畫作專屬的精心包裝早就準備

2 台中火車站

旅行的感動由此開始

見證滄海桑田的台中火車站，將在高架站區完工後將卸下交通樞紐的任務成為博物館。

INFO MAP P186,B1

地址：台中市中區台灣大道一段 1 號

電話：(04) 2222-7236

營業時間：06:00~22:00

完善等著你用。

若想找個地方坐坐卻不想只是咖啡糕點，像是社區私塾的「想想人文空間」很值得走上一遭，店內精藏的書籍精彩且供人借閱，還展售由台灣各地精選而來的有機農產品，最值得關注的，可是店裡吧台上的黑板所載的各式活動資訊，不論是靜態的講座活動還是動態的舞蹈課程，如果計畫得宜，觸動人生的深刻意念，可能就此萌發。如果你是個呼朋引伴的人，火車站旁，深藏巷弄座落溪畔的老屋咖啡店「裡屋樑水」是最適合的地方。與人聲雜沓的主要幹道僅一街之遙的裡屋樑水，有著世外桃源般的寧靜安適，只要跟店主人預約好時間，朋友群聚來此就像是到另一友人家作客一般，店主人，就是你們的專屬管家。而台中名聞遐邇的伴手禮太陽餅，步上回程前請記得帶上幾份以免對不起一家老小，在「太陽餅文化館」買名產，你能帶回的不只有台中的太陽餅，還有一份能和親友分享、專屬台中的歷史段子。

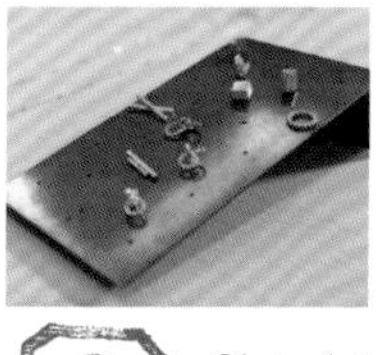

3 Chichic 七柒工作室

邊玩邊學金工奇趣

現場提供專業的器材外，還有專業技能一流的金工師提供製作指導。

INFO MAP P186,A2

地址：台中市台中市中區中山路 77 號

電話：(04) 2223-2107

營業時間：13:00~21:00，週六、日 11:00~21:00，週一休

價格：均消 1200~1400 元

5 Vision Art

盡情創作的繪畫空間

搬到老中區的 Vision Art 有了更大的空間，想要盡情舒發自己的繪畫細胞，來這裡準沒錯，更有許多繪畫課程可以選擇。

INFO MAP P186,A2

地址：台中市中區中山路 89 號
電話：(04)2372-3902
營業時間：12:00~22:00，週六 16:00~22:00，週二休
價格：體驗尺寸 450 元起

4 台灣太陽餅博物館

台中名產的歷史註解

百年建築全安堂把從前遮避的廣告招牌拆除後，重現它原來的樣貌。老建築內是介紹台中太陽餅由來的文化館。

INFO MAP P186,B2

地址：台中市中區自由路二段 25 號
電話：(04) 2220-0012
營業時間：08:00~22:00
價格：傳統太陽餅 12 入 300 元

7 裡屋樑水

裡屋樑水

與主要幹道僅一街之遙的裡屋樑水，有著世外桃源般的寧靜安適，朋友群聚來此就像是到另一友人家作客一般。

INFO MAP P186,A3

地址：台中市南區台中路二巷 4 號
電話：(04)2222-1612
營業時間：18:00~22:00
價格：每人低消 200 元飲料任喝

6 想想人文空間

新鮮的社區學習咖啡店

以社區咖啡店為出發點的空間，分享各式知識和課程。

INFO MAP P186,A2

地址：台中市中區民權路 78 號
電話：(04) 2229-6346
營業時間： 11:30~20:00，週五 11:30~21:00，週日 11:30~19:00，週一休

在地人才知道

巷仔內美食追追追
吃的飽也吃得巧

曾經繁華一時的中區，市集競爭成就許多美味，時代的演變，繁華已不如從前，記憶裡的攤販一一收起，但仍有那麼幾家依舊隱於巷弄裡，延續以前的老味道，品嘗到的不只美味，還有那麼幾分懷舊情愫。

烤肉沙拉
美奶滋和烤肉的交響曲

大塊的叉燒肉外側略帶焦香口感紮實有勁，再加上馬鈴薯泥佐獨門特製美乃滋，美妙滋味嘗過一次就難以忘懷。

INFO MAP P186,A2

地址：台中市中區台灣大道一段 258 巷 13 號

電話：(04)2221-0338

營業時間：11:00~21:00(農曆初一、十五休

尹媽媽麵疙瘩
簡單美食最難忘

Q 彈的麵疙瘩，配上豐富的配料份量總讓人覺得物超所值，自製的魯豆皮小菜更是打包外帶回家看影片的最佳小菜。

INFO MAP P186,B2

地址：台中市中區綠川西街 175 巷 29 號

電話：(04) 2225-9786

營業時間：11:00~20:00，週日休

價格：牛肉麵疙瘩 90 元，魯豆皮 40 元

真好吃壽司
18 年來始終如一

老味道不變連價格也不變，讓人覺得不可思議。就位於台中路旁，沒有內用座位，買了就走自在又超方便。

INFO MAP P186,B3

地址：台中市東區台中路 35 號

電話：(04) 2220-2222

營業時間：06:30~21:30

價格：每盒 65 元 12 入

高家意麵
愛麵族來綠川要吃的老味

綠川街中 70 年的老店，意麵軟中帶 Q 勁道，寬版的意麵容易吸覆湯汁，佐上店家特調豆豉辣椒美味更迷人。

INFO MAP P186,B2

地址：台中市中區綠川西街 171 號

電話：(04) 2221-2813

營業時間：09:00~20:00(週四休)

價格：意麵 35 元，燒賣 10 元 / 粒

台灣陳沙茶火鍋
感受台灣人的熱情與味道

吃火鍋來這就對了，熱情的老闆會為你從沾料到火鍋一一介紹，這裡有著一份台灣人的好客盛情。

INFO MAP P186,B2

地址：台中市中區台灣大道一段 81 巷 25 號

電話：(04) 2227-1304

營業時間：17:00~23:00，週日 11:00~14:00、17:00~23:00，週一休

價格：基本鍋底 130 元，每道菜單點 10~230 元

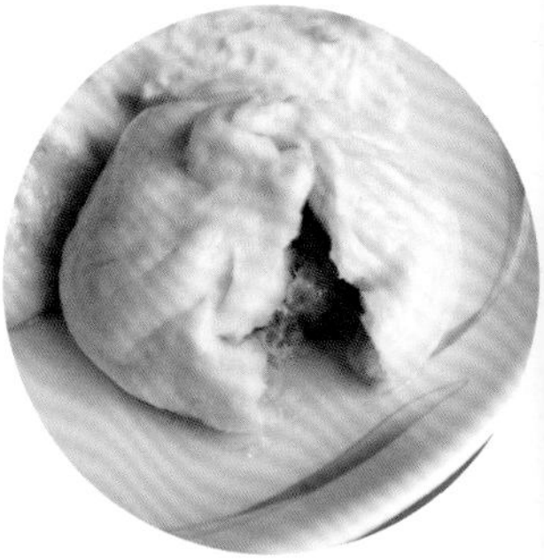

天津苟不理湯包
注意！別被肉汁燙著了

老饕吃法淋上蒜香濃郁的蒜蓉醬，先咬一小口吸完湯汁再食用，鮮甜的肉汁配上些許的調料，讓人吃得沒空說話。

INFO MAP P186,B3

地址：台中市東區信義街 63 號

電話：(04) 2220-1790

營業時間：05:30~11:30

價格：湯包 15 元，豆漿 10 元

精華都在這

第二市場尋美味
經典台中美食集散地

我們習慣的日常對外國人可是新奇風味，外國媒體曾不只一次的專題敘述深藏市場裡的好風味，如果到了台中沒進第二市場繞上一圈填滿胃袋，天啊！你錯過的精采小吃可真不少。

The world of good

味道，還是老的好！

不怕吃不飽，只怕胃容量不夠

老賴茶棧

吃飯別忘呷一杯涼

古早的風味、菜市場的價格，來這吃飯就別忘了帶一杯走。

INFO MAP P186,A2

地址：台中市中區三民路二段 87 號
電話：(04)2220-0858
營業時間：08:30~18:00
價格：紅茶 20 元

丁山肉丸

80 年的滋味難以忘懷

不油不膩的肉丸，不黏不沾牙配上鹹香的肉餡，就算吃飽飯還吃得下。

INFO MAP P186,A1

地址：台中市中區中正路 202 號
電話：(04)2226-4409
營業時間:10:00~19:00，月公休兩個週三(那週不確定)
價格：肉丸 35 元、餛飩湯 30 元

李海魯肉飯

夜貓族的最愛

台灣黑豬肉以古方調製，肥而不油，入口即化的風味，是半夜肚子餓時的首選。

INFO MAP P186,A2

地址：台中市中區第二市場第 98 攤位
電話：(04)2226-08180
營業時間：17:00~ 凌晨 05:00
價格：魯肉飯小 45，大 55 元

林記古早味

台中才吃得到的麻芛湯

加了地瓜、吻拉魚仔的苦甘麻芛湯，可熱食涼喝，是夏季專屬的退火食品。

INFO MAP P186,A2

地址：台中市中區大墩里 3-12 號
電話：(04)2220-1732
營業時間：06:00~14:00(隔週日休)
價格：麻芛湯 30 元(限 4 月~11 月)

王記菜頭粿

什麼都別說「三項」來一份

傳統的菜頭粿、飽滿的糯米腸和煎蛋，這就是每人必點的「三項」美味。

INFO MAP P186,A2

地址：台中市中區三民路二段 85 號
電話：(04)2224-2318
營業時間：06:30~18:00
價格：三項 55 元

顏記肉包

五十多年的肉包子

皮 Q 餡香，在台中吃包子就是要把辣椒醬灌進肉包內才正確。

INFO MAP P186,A2

地址：台中市中區 三民路二段 103 號
電話：(04)2225-3234
營業時間：08:00~17:30
價格：肉包一個 30 元

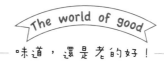

實現街頭吃到街尾的願望

忠孝夜市好味一條龍

臨近第三市場的忠孝夜市，是市場打烊後的宵夜場，位於南區忠孝路的常態街夜市，源於日治時期，是一處專以美食聞名的商圈。聚集的小吃可是包山包海：烤鴨、麵、飯、黑輪、冷飲、蚵仔麵線細數不盡，應有盡有。

A

▲ 老牌麵線糊

料多又大碗

細滑的麵線配上香濃的湯頭，新鮮的配料甘美豐富，佐上獨家特製的油酥香醬，山海美味濃縮碗裡。(NT50)

B

C

▲ 夜夜見來蛋包飯

學生最愛的美味

爐火純青淬鍊的炒飯粒粒分明，漂亮的裹上蛋皮一層。每一口在嘴裡舞動的飯粒攪和蛋皮香濃，看似簡單卻滋味口感層次豐富，皇家級的平民美味。(NT60)

▲ 味泉筒仔米糕

簡單的家鄉小吃

米粒吸滿香氣豐富，淋上醬香甘美，在每一口咀嚼層遞爆出，瘦肉鵪鶉蛋為主的頂料清爽不膩。(NT35)

C 味泉米糕

老字號的小吃店，每到晚上用餐時間就是大排長龍。

INFO MAP P186,A3

地址：台北市忠孝東路 4 段 216 巷 8 弄 10 號

電話：(02)8771-3988

時間：11:30~14:30、17:30~21:30

價錢：黑蒜香油拉麵 210 元

B 夜夜見來蛋包飯

用料實在份量十足，讓它從路邊的小攤一路做出街角的大店面。

INFO MAP P186,B3

地址：台中市南區忠孝路 200 之 1 號

電話：0937-702023

營業時間：17:30~02:00，週二休

價格：蛋包飯 60 元

A 臭豆腐、正老牌麵線糊

三十年的老味道，是台中人每來必吃的一攤。

INFO MAP P186,A3

地址：台中市南區忠孝路 70-2 號

電話：(042287-9468

營業時間：15:00~01:00

價格：臭豆腐 40 元

D

◀ 炸香香鹹酥雞

特調醬料獨領風騷

皮脆肉嫩的台灣傳統鹹香鹹酥雞，拌上特調微甜如照燒醬的拌料，大切的雞塊滿足每一張肉食系饕客的嘴。(小 NT40，大 NT60)

▶ 東山鴨頭大拚盤

豐富多層次的深韻風味

先滷後炸的晶亮美味，應對食材特性分門別類先後下鍋是好吃的關鍵，比起一般炸料多了份層次的韻味。(鴨頭 NT50、三角豆干 NT10/5 個)

E

◀ 金屋章魚小丸子

餡料飽滿、外脆內嫩

章魚燒竟有著薄薄一層脆皮，釋放蔬菜甘美的軟嫩內裡包藏來自海洋的章魚彈牙，美乃滋和照燒醬的濃郁成就經典街頭小吃。(小盒 NT30，大盒 NT45，三盒 NT90)

F

F 金屋章魚小丸子

皮脆餡飽滿超實在，親和力十足、百吃不膩的小吃。

INFO MAP P186,A3

地址：台中市南區忠孝路和合作街交叉路口

電話：0923-923263

營業時間：16:00~01:00

價格：小盒 30 元，大盒 45 元

E 真好味東山鴨頭

超入味的食材，是夏天搭配啤酒的最佳良伴。

INFO MAP P186,A3

地址：台中市南區合作街 70-2 號

營業時間:16:30~01:00，週五~日到 01:30

價格：鴨頭 50 元

D 徐大姊炸香香

用獨門醬汁取代胡椒鹽，獨樹一格的風味讓它稱霸一條街。

INFO MAP P186,B3

地址：台中市南區忠孝路 181 號

營業時間：17:30~10:30

價格：鹹酥雞小 40 元，大 60 元

2

1

台中文化創意產業園區

老酒廠不只是傾聽建物呢喃歲月的風華，更有清新文創風拂面。

INFO MAP P186,A3

地址：台中市南區復興路三段362號

電話：(04)2229-3079

營業時間：戶外空間06:00~22:00、室內展館依活動申請開放

價格：免費

曾是台灣最大釀酒工廠的台中酒廠，在上一個世紀末卸下釀酒任務後，是現今台灣地區裡保存最完整的酒廠工業遺址。這裡的建物，像是封存在時光膠囊一般，建廠時濃厚的實用主義至上、管線設備盡露其外的工業風格，和後來新修建的部分搭配出老酒新裝，但醇厚依舊的美好風味。

園區內不僅是建物風光精彩，在政府文化單位進駐後，更常態性的有各種展覽於此舉辦，不僅有歷史風光詳解類型的展覽，還有很多跟現代設計相關

跟前衛藝術的主題，很多都是免費的，到訪前可別忘了到官方網站查詢一下，正在園區興辦的展覽，說不定有受用一生無窮的精彩。

園區內的展覽精彩不設限，活動主題也是人文激盪火花四射。曾經是專屬年輕人次文化的動畫、漫畫相關活動，在這裡毫無違和感的找到了新舞台。不少專業級的繪製課程跟人物化妝技巧和服裝製作的課程都曾在此開辦，原本很私密的創作，在這裡為有志一同的人們創造了開放交流的契機，從而成就了更多精彩燦爛的創作。

園區既然在歷史長河中的身分曾是酒廠，當然是找的到供應瓊漿玉露的地方。這裡駐設有台灣公賣局的酒文化館，販售的商品，當然是自家拿手絕活。不喝酒的人們也別擔心，製酒工藝衍生的美味可不一定只會讓人醉醺醺的。

6

3

4

7

5

1. 斑駁的紅牆是舊酒廠留下的歲月痕跡，高聳入天的煙窗相當壯觀，讓人感覺身處歐洲。2. 工廠已不在作業，留下建築的外殼供人回憶。3.6. 寬敞的園區，常有許多團體來些辦活動，今年的動漫展，處處可見打扮特殊的動漫coser，熱鬧非凡。4. 即將整理完成的酒廠新館。5. 銷售部門裡，用酒瓶搭起的裝置藝。7. 佔地寬廣的舊酒廠，化身為年輕人揮灑青春的新天地。

北區

5件來這裡必做的事

1 一中商圈私密購物小天地
悠閒自在好好逛

位於一中街底和精武路交叉口的一塊破爛老宿舍，不知不覺中作了拉皮手術，以兩層樓露天物廣場的面貌再度回到人們的視野中。躲在巷子裡的台水舍宿，拐個彎，剛進時頗有秘密小天地的氛圍，露天的座位讓愛逛街的購物狂們有個歇腳的位子，坐下來吃吃附近有名的小吃、補充戰鬥力再繼續。

而喜歡逛市集的挖寶控們，假日也可來這碰運氣，這裡時常有各種市集不定期的舉辦；假日傍晚時分，還有街頭藝人的演奏，喜歡熱鬧但不喧雜的朋友們，可別錯過這裡了。

INFO

台水宿舍商場 MAP P187,A4

地址：台中市北區太平路 19 巷 3 弄 34 號
電話：(04)2225-5999
營業時間：11:00~23:00

2 可口多汁手工漢堡
發揮想像力讓食物變有趣

因為老闆娘愛吃漢堡，所以決定開漢堡店，做的是自己最喜愛的料理，以嚴格的標準來選擇食材，從配菜沙拉到主餐一點都不馬虎。精選牛排肉以人工搥打的方式製作成漢堡肉，再克服厚實的牛排肉中心容易煎不熟的問題後，bmid又自行研發出獨門的白色漢堡麵包，研發動機卻是單純的起心動念。這對浪漫的雙魚夫妻，雖然沒有餐飲經驗就憑著一股單純的理念、堅持不放棄。最誠心誠意的味道，在每一口漢堡的滋味裡能感受得到。

INFO

雙魚二次方手工創意漢堡 MAP P187,B4

地址：台中市台中市育才北路 8 號
電話：0982-670109
營業時間：11:30~21:00，週一休
價格:造型手工大漢堡套餐1250 元(4人份)

5 進入已逝的懷舊時光

不可輕抹的時代痕跡

台中眷村的密集度在全台可是數一數二，像是近年來又再度顯露人文光芒的霧峰光復新村和眾志成城而逃過拆遷命運的彩虹眷村，都是近來較有名的眷村群落。座落在主要幹道北屯路旁的北屯新村中的凌雲社區，光這名字就知是飛行官雲集的眷村，房舍規格二房二廳加前院，在萬物匱乏的年代即使不是豪宅等級也是小康人家才會有的派頭了。是台中市一百多個眷村裡，少數以眷村活化為名而保留重建的。雖只有三棟房舍，但至少仍為僅存的眷村文化和歷史留下日後回味的根基。

INFO

台中市眷村文物館 MAP P187,B3

地址：台中市北屯區天祥街 17 巷 1 弄 1 號
電話：(04)2222-2222
營業時間：10:00~12:00、14:00~17:00，週一休
價格：免費

4 親身體驗互動式藝術會展

一起作為展出的一部份

在都市裡體會露營？是展場？還是背包客棧？

Per Bed 有張床，鼓勵旅人參與藝術的推廣，空間是展場也是客棧，著重在互動式的參與，透過對話傾聽、文字書寫的方式，找回人與人之間的信任。有時陌生人分享的一段記憶或經歷，或許會不經意植下思緒的種子，哪一天，萌發出宏大的思維脈絡。大樓林立的市區中一個不一樣的露營的空間，一個人一頂帳逢，這裡期待交流，並請過客離開時，留下小籤，分享屬於你思維的浮光掠影。

INFO

PerBed 有張床 MAP P187,B3

地址：台中市進化路 627 號 2 樓
電話：0973-221555
營業時間：08:00~20:00
價格：599 元 /1 人

3 愛茶人快來交流

邊喝邊學茶文化

以「延續制茶傳統工藝」和人「分享正確茶葉知識及如何正確泡茶」，這是充滿茶香小店經營的初衷。主人夫妻二位算得上是茶葉世家的第二代，本身有著厚實的茶文化，一位專精製茶及種植茶園管理、一位專精於泡茶的茶藝專業。原本空間只做茶葉分享及茶道教室用，後來夫妻討論下決定改變經營模式，開始對外營業，雖然時受受到了限製，但是能和更多愛茶的人分享茶的知識是更大的收獲。

INFO

茶米店 Charming Choice MAP P187,A3

地址：台中市太原北路 208 號
電話：(04)2298-5006
營業時間：12:00~18:00，週日、一休
價格：均銷 200~300 元

2

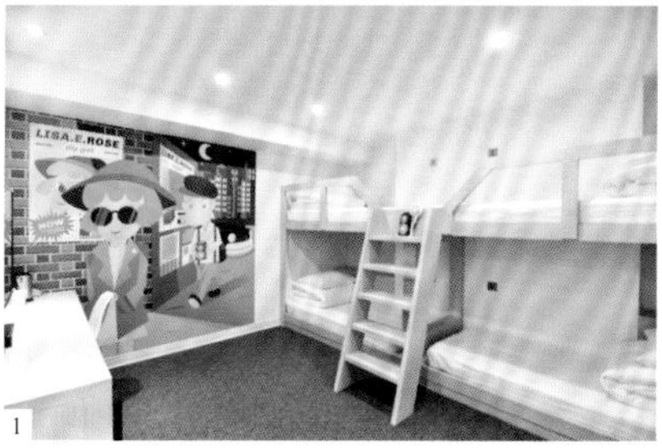
1

一中商圈

台中一中商圈從原本的補習街竄升成購物商圈不過十年光景，區域內商品、小吃青春氣息洋溢、物美價廉，貨比三家樂趣無窮。

INFO MAP P187,B4
地址：台中市北區錦新街 40 號
電話：0905-193-222
入住時間：15:00 退房時間：11:00
價位：1980 元起

台中一中旁補習班林立，原本只是為了因應莘莘學子的飢腸轆轆而漸漸有了攤商的聚集，近年來補習班式微，但是商圈與鄰近的百貨公司人潮接壤，加上新的商場建案配合地方自治單位計畫性的擴充招商，讓這裡成了和昔日不可同日而語的新興商圈。

跟台中另一個一樣人氣鼎沸且座落於學區內的逢甲商圈不同，逢甲商圈是比較接近夜市且越夜越熱鬧的商圈，而一中商圈則是大約中午時分人潮便開始湧入，大約晚上一二點

左右店家便打烊休息，因此消費族群的年齡平均較年輕，相對商品跟小吃的價格也更佳的實惠。更棒的是一中商圈內的店家跟小吃不若逢甲夜市同質性極高，每一家都有其獨特的地方，且鄰近密集，每走幾步就有驚喜也是這裡吸引人的特色之一。

來台中旅遊，會因台中腹地廣大且大眾交通脈絡密集度較低的關係，而不知道要從何玩起。巧思結合了旅遊服務和旅店的博客創意旅店，貼心的將大台中地區的精采景點蒐羅成輕鬆的旅遊行程，這裡不但有背包客棧的自在，還能得到台中地區深入旅遊的資訊和交通服務。如果選擇一中商圈作為旅行的起點，不妨在此暫厝一夜，踏盡一中街的精彩，休息足了，還可以讓旅店為您規劃深入探訪台中的旅程。

6

3

4

7

5

1. 位於一中商圈附近和旅遊結合的博客創意旅店，除了提供一般房型外，還提供背包客個人床位的服務。2. 舒適的一樓大廳點綴有童趣小物。3. 商圈巷內的彩繪。4. 目前最夯的日式和菓子「水信玄餅」在一中商圈裡也看得到。5. 旅店裡可諮詢台中旅遊行程。6. 肚子餓了，隨時都能吃到美味又平價的美食。7. 博客旅店每間房型都有其設計主題。

小森空間 komori

藏身社區的健康輕食複合空間

之前工作從事活動策畫設計、餐飲管理設計的主人小政，常因找活動場地時遇到太多的問題及時間，萌發了想要一個屬於自己的空間的念頭，既是辦展覽活動或工作籌備的場域，還可以自己下廚煮些自己喜歡的食物一同和大家分享。花了將近一年的時間，終於落腳這安靜的社區。空間內提供的餐點及飲料皆是以健康為出發點，健康的漢方茶、無負擔營養豐富的沙拉杯，皆是主人從源頭開始篩選，親自採買、製作的品質保證。

INFO MAP P.187,A4

地址：台中市北區梅川東路三段133號

電話：0982-036197

營業時間：12:00~20:00，週三休

推薦理由：以健康為出發點，品質有保證

The world of good 健康營養無負擔

漢方花茶系飲

〉來壺花草茶養身又健康

因主人愛喝茶，希望店內提供給客人的飲品是健康的，所以請教中醫後決定使用一些中性溫補的草藥材搭配沖泡，有多種花茶飲可讓客人依據自己的狀況及喜好決定。紅寶石玫瑰茶及枸杞睛亮茶是目前人氣較高的飲品。

價格：紅寶石玫瑰茶 180 元，枸杞睛亮茶 180 元

沙拉杯 - 粗枝大葉做到滿

〉高蛋白質的美味

大量的蔬菜疊入煮黑豆及蒸藜麥，用高營養的藜麥取代米飯，豆腐、水煮蛋及雞肉提供大量的蛋白質，脂肪熱量較少一些，是一道適合運動員或是久坐的上班族食用。搭配特調胡麻醬與柴魚片讓風味更加多元。

價格：150 元

沙拉杯 - 回家吃不下飯

〉獨特味道等你品嘗

顏色繽紛亮眼，光是一上桌就餵了眼睛一頓美味。雙色地瓜、秋葵、小番茄與薏仁的組合，再淋上獨門紫蘇醬汁，豐富且清爽，但可別小看這一杯，下肚可會給人驚嚇的飽足感！

價格：150 元

沙拉杯 - 仲夏夜微辣蝦瓜

〉酸甜微辣好開胃

屬於開胃清爽型的口味，以鷹嘴豆、大黃瓜、費達起士與大量的蔬菜絲搭配酸辣風味的泰式醬汁，是最適合夏天消暑解熱兼具開胃的輕食沙拉。

價格：150 元

私廚甜點

〉外面難尋的私房甜點

不定期和一些私人甜點工作室配合，透過甜點的品嘗，讓更多人認識這些默默認真做自己事業的甜點師。

價格：甜點每個約 60~140 元

老闆娘私房飲料

〉想喝就來討好老闆娘

愛喝茶的老闆娘，在沒事或突發奇想下自己嚐試做各種飲品，印度香料和紅茶葉用牛奶慢煮的印度香料奶茶，或是利用自家種植的薄荷葉洗淨打碎加入日本抹茶粉及牛奶快速打勻，風格獨特，在外面是喝不到的哦！

價格：約 100~130 等 (看老闆娘心情)

台中孔廟

都心鬧區裡的一方淨土
適合沉澱心靈的好去處

緊鄰鬧區的孔廟，竟是恬靜安逸無絲竹之亂耳，暫停一下，為旅途來一口深呼吸。

INFO　MAP P187.B4

地址：台中市北區雙十路二段30號
電話：(04) 2233 2264
營業時間：上午9：00至下午5：00，星期一休館
價格：免費參觀

1. 位於巷子內的老牌早點店。2. 客人多到老闆的手總是停不下來。3. 充滿日式風格的小餐車，總是有許多年怪人排隊。

份量超大的海盜飯糰 vs 處處貼心的創意飯糰

一中人氣飯糰大拚比

在台中早上隨處可見飯糰攤，熱呼香 Q 的糯米飯包著豐富的內餡，咕嚕下肚總讓人肚子飽飽、元氣滿滿。在三民路上前後二座學府，早上的人潮並不輸給晚間，經營多年的老口碑和年青人發揮創意設計的飯團，都各有其忠心食客。

日日利海盜飯糰

MAP P187,A4
地址：台中市北區三民路三段 136-6 號
電話：(04) 2227-6638
營業時間：06:00~12:00，週三休
價格：海盜飯糰 55 元、海盜辣腸 75 元

位於三民路的巷子內，每天早上都可見長長的排隊人龍，原來是一家已開了三十多年頭的老店，只賣早餐飯糰、獨門麵包及麥角飲品。糯米彈牙不軟爛，用現煎的荷包蛋取代滷蛋，現煎的里肌肉取代常見的油條，一口咬下肉質滑嫩不乾柴，再配上菜脯和肉鬆，真是一絕。而不同於市售的辣腸，微辣的鹹香味更是許多老饕的最愛。

3 2 1

拌過獨門醬料的糯米飯，超有味道。

貼心地把海苔和飯團分開～

飯糰打嗝了

MAP P187,A4
地址：台中市北區三民路三段 116 號
電話：fb 私訊預約
營業時間：06:30~09:55，週六 06:30~10:00，週日休
價格：炸蝦天打嗝 50 元

位於國立台中科技大學大門對面的騎樓下，由幾位年輕一起經營的攤車，從飯團包裝到攤子充滿濃濃的日本風。不同於一般傳統飯糰只用塑膠帶裝起來塑形，在外包裝上簡單地用綿紙加麻繩的包裝，讓飯糰可以提了就走。

在口味上，比傳統飯團更加的多元，勇於嘗試不同食材的組合，如用現炸的炸蝦當主角配上馬茲瑞拉乳酪等，拌上獨門醬料的米飯包成的飯糰，美味又新奇，很受年輕人的喜愛。

樹合苑

有機無毒自然細活村

空間的前身是間荒廢多年曾做為釣蝦場的舊工廠，以不改變即有的地域為前提，利用貨櫃做空間結構隔間，屋頂開出天井並在下方種上許多香草及農作物，空間內的乾濕分離廁所更是在都市裡少見的，「取之自然、回歸自然」這個理念在這空間處處可看到。

推薦理由：
取之自然、回歸自然的理念在此充分體現

INFO MAP P187,A4

地址：台中市北區中清路一段101號
電話：(04)2202-5600、0930-978485
營業時間：五、六、日 11:00~19:00
價格：導覽200元/人(含150元區內消費抵扣)

北區

The world of good 體驗手作，自然友善生活空間。

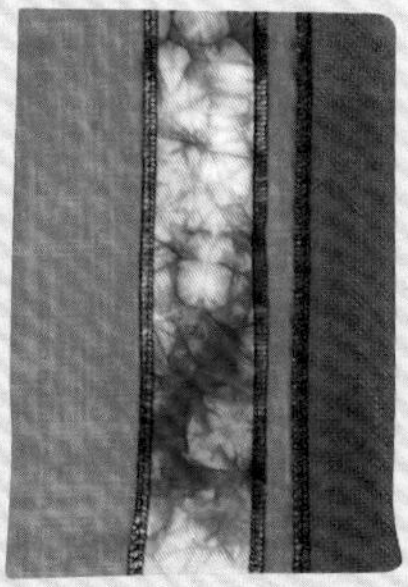

社區豆腐坊

〉自己動手來健康看得到

使用有機黃豆（非基改），用符合HACCP食品等級的設備，使用了防塵漆、正壓風阻、食材鍋子不落地、低溫低菌小工場來完成整個豆漿豆腐的製作流程。並鼓勵年輕人一起參與，從「豆腐班」到「社區豆腐坊」。

價格：豆花 35 元

藍染書衣

〉友善環境的樸實藍染

由植工坊制作，以珍惜大自然資源的態度，推廣老祖宗智慧文化，用山藍以無毒、無害的傳統染色技法，把用心觀察到的美景、形體及幾何線條表現在上頭，簡單地藍白色表現出簡樸的本質，這更是老祖宗的智慧。

價格：680 元

咖啡部落雨林咖啡

〉公平貿易，生態關懷

這是由台灣人和印尼人平等合作的咖啡公平貿易經驗，從產地的農民生活關懷與農村發展規開始，邀請消費者與咖啡直接對話，轉化成保育雨林的行動，使「消費」行為不再意義空泛。

價格：熱拿鐵 150 元

糙米麵

〉小麥蛋白過敏者的福音

由福山農莊製作，以台灣友善環境米為原料不斷地研發改良的米麵。米麵條的營養成份高於白米飯 4-7 倍、是一般乾麵修的 3-6 倍。不同於小麥麵條因純米製作沒有小麥蛋白，煮的時候會出現類似米熬粥的情形，因不含任何人工化合物，煮麵水也可以巧思利用變成湯品。

價格：200 元

茶梗午睡枕

〉聞茶香入好眠

由製茶的茶法自然開發的生活日用品，利用客家花布包裹茶葉梗製成的午睡枕，使用未泡過的茶枝以保有自然茶香，因茶枝透氣性極佳、冬暖夏涼，而茶樹使用是自然有機耕法，不會有農藥殘留等危害健康等問題。

價格：350 元

手工編織杯墊

〉少點塑製品讓生活更溫暖

綠兔子以「減少塑膠生活」為理念，以一雙巧手用大自然的素材制成台灣民具或是食器，如海葡萄葉編成消暑扇、用稻桿製作美觀又實用的草編小物，把廢棄的樹支巧妙地變成簡單筆插，享受自然材質帶來的溫暖質感及手作的樂趣。

價格：杯墊 100 元、木座筆插 50 元

戀上北區懷舊食光

探索豐富的生活滋味

台中北區的美食獨有一份懷舊的經典感，無論哪一項都將是、也會是記憶中專屬的美食印記。

cafe camo 卡默咖啡

溫暖人情的咖啡香

於巷弄間的自宅咖啡廳，來這除了享受一杯咖啡外，也可和仍在從事音樂創作的主人夫妻聊聊音樂經。

INFO MAP P187,B4

地址：台中市北區進化路 337 巷 15 弄 2 號
電話：(04) 2360-1031
營業時間：12:00~18:00，週五～日 12:00~21:00，週四休
價格：美式咖啡 100 元

一品豆花

學生時代的課後點心

臨近學區巷內的老店豆花，綿密的口感加上各種自己煮的配料，簡單傳統的味道，這是屬於學生時代的回憶。

INFO MAP P187,B3

地址：台中市北區錦祥街 58 號
電話：(04) 2233-5171
營業時間：11:00~23:00，週日休
價格：花生豆花 35 元

小編的私房旅行筆記

好吃好玩的秘訣
在這裡通通
大公開

不同於常見的單純芝麻醬伴油麵，20 年前來自嘉義的涼麵，除了清爽的醬香還融合了美乃滋的豐潤，當成正式一餐絕對飽足。台中特有的羅氏秋水茶，不知是多少老台中人津津樂道的甘爽清涼，原本的鋁箔茶包外，現在還多了輕鬆享用的易開罐，舒爽解膩帶著走。不分寒暑總是門庭若市的一品豆花就是那入口軟嫩綿密且飽含黃豆香氣濃郁的豆花，精心熬煮的甜料更添豐富精彩。深藏巷弄的卡默咖啡爵士樂飄揚，咖啡香伴音樂總是情趣非凡。

嘉義涼麵店

美乃滋的美味魔法

以鮮醬油、酸醋、芝麻醬、美乃滋等多種醬汁充份混合後，Q 彈寬扁的麵條沾覆更多的醬汁每一口都是清涼微甜的滋味。

INFO MAP P187,B3

地址：台中市北區錦祥街 47 號
電話：(04)2223-5171
營業時間：11:00~20:30，週日休
價格：涼麵大 50 元

羅氏秋水茶

夏日必喝的退熱涼茶

不同於一般市售的青草茶，為祖先秋水先生藥茶配方。入口散發出中藥青草複方的香氣、苦盡甘來的清涼感在舌根源源生津。

INFO MAP P187,B4

地址：台中市東區練武路 285 號
電話：(04) 2212-7581
營業時間：09:30~18:00，週日休
價格：易開罐 280cc20 元

阿坤黑粉圓

北屯市場裡的夏日寵兒

市場內推薦的銅板甜品，粉圓控者千萬別錯過的黑粉圓，冬天還有另販售柳丁和柳丁原汁。

INFO MAP P187,B4

地址：台中市北屯區進化北路 41 號
電話：(04)2236-7123
營業時間：07:00~18:00
價格：三種冰 35 元，黑粉圓 35 元

小編的私房旅行筆記

好吃好玩的秘訣
在這裡通通
大公開

如果想繼續體驗不同的咖啡店風情，一樣在老房裡的框旅咖啡洋溢著滿滿的朝氣，還有各種驚喜小物等你探尋。三時茶房則正是體現傳統美食杏仁茶最真實味道的好地方，老屋老食的美好滋味新穎傳承。正宗日本口味的今井屋串燒，現點現烤無可取代的好風味讓一切的等待都是值得。阿春麵攤半世紀不變的懷舊滋味讓巷口總是站滿等著點餐的人潮，一碗麵搭上喜愛的滷味的那份滿足總是無可取代。更別忘了來上一碗附近人們喜歡超久的阿坤黑粉圓，為一日的滿足標上美麗的句點。

框旅咖啡

跳出框框一起分享不同人生

想品嚐不同風味的單品豆，就來框旅吧！店內有許多文創小物，還有隱藏版主人客訂花束，想要請提前預訂。

INFO MAP P187,B4

地址：台中市北區進德北路 122 號 1 樓
電話：0965-171517
營業時間：13:00~21:00，不定期休以 fb 公告為主
價格：卡布奇諾 100 元

阿春麵担

五十年的路邊麵攤

只要看到一排人在國小巷子裡排隊就知道阿春出攤了，除了主食外滷味是必點的，簡單又份量足的一餐，難怪人潮不減。

INFO MAP P187,B3

地址：台中市北屯區進化北路和北屯路交叉口（北屯國小圍牆旁）
電話：0917-523685
營業時間：16:00~00:00，週四休
價格：麻醬麵 40 元，大豆干 20 元

今井屋日式串燒 - 焼き鳥

美味的熱情一根串起

正宗日本風味的串燒，現點現烤口味只有醬味和鹽味二種，好客的老闆歡迎客人坐下，邊聊天邊等待。

INFO MAP P187,A3

地址：台中市台中市永興街 148 號（衛道路交叉口）
電話：0965-440269
營業時間：19:00~23:30，週六、日 18:00~23:30，週一休
價格：均消 25~45 元

三時茶房

學生最愛的老店、老味

位於巷弄間的三時茶房，是很受學生歡迎的一家杏仁茶專賣店，天然、濃郁的杏仁香，讓年輕人重新愛上這老味道。

INFO MAP P187,A4

地址：台中市北區太平路 107 巷 11 號
電話：(04) 2225-1930
營業時間：13:00~21:30，週六、日 12:00~21:30
價格：芝麻杏仁茶 60 元，杏仁紅豆豆腐 50 元

自己搭配鐵人麵倉創意拉麵 VS 正宗日本來的雷亭拉麵

排到腿痠也要吃的美味拉麵

憑著熱忱、一股衝勁、十份堅持、一百分努力的創業，不論是獨創口味、還是正宗傳統風味，只要有心有熱情就能表現在食物上，讓品嚐的人一同感受到那邊心意。

1. 和日本拉麵師傅學習，呈現正宗的日本拉面味道。2. 煮得Q彈的拉麵。3. 路邊攤隱藏的美味。

位於雙十路旁一中商圈附近的一個小攤販，由三位年青人一起經營的鐵人麵倉，充滿活力地招呼著來攤前的客人，濃味湯頭的味道飄散吸引路過的民眾。這間小小的拉麵攤，並不追逐正統拉麵的味道，而是在台灣湯麵與日式拉麵之中調和，只提供二種湯頭，配料的選擇則可依據個人的喜好自行搭配、加減，自在的點餐方式、滿足每個人打造專屬美味拉麵的期待。

鐵人麵倉

MAP P187,B4
地址：台中市雙十路二段 11 號旁空地
電話：0979-5643461
營業時間：16:30~00:30(賣完為止)
價格：均消 100 元

1

2

3

可以吃到正宗日本拉麵的鹹度。
每一道配料皆是精心準備。

雷亭拉麵

MAP P187,A3
地址：台中市北區永興街 30 號
電話：0970-515583
營業時間：17:30~01:00(賣完為止)
價格：奶油豚骨拉麵 90 元

七年級的努力老闆，在一次去日本拜訪親戚時，緣分巧合認識了拉麵師傅，進而和這位師傅學習製作拉麵。從一開始埃家埃戶地尋找拉麵攤擺攤地點到升級成拉麵店，除了是老主顧的支持外更是為了能多準備一些湯頭，招待更多的客人，畢竟擺攤時每日準備的數量有限，常讓特地前來的客人吃不到，讓他很過意不去。有了固定的地方，食材準備的份量充裕了，拉麵的味道、品質及價格可沒有改變，一樣美味、物超所值。

北屯 新社 太平

5件來這裡必做的事

1 中部最大流動攤販夜市

佔地寬廣有吃有玩

台中夜市可不是「精彩」得以形容，假日夜市人潮總不輸給百貨公司，食、衣、娛樂一次滿足，平實的價格也不會令人荷包瘦太多。不同於一般傳統流動攤販夜市，經貿文創觀光夜市附有大型停車場，規畫大型遊戲區，並不定期興辦各式活動及街頭藝人的表演。遊戲區趣味豐富的遊樂設施，是小朋友的最愛，美食區則網羅了全台各地的知名小吃，如一中黃金豆乳雞、宜蘭的蔥包餅，甚至如燒烤鱷魚的奇趣美食也找得到。

INFO

經貿文創觀光夜市村 MAP P187,A1

地址： 台中市北屯區中清路二段 1130 號

電話：(04)2258-8577

營業時間：週三～週日 17:00~23:45

2 來台中後花園運動買名產

運動採購一次 ok

大坑最廣為人知的特色景點即為 12 條登山步道，可依據自身的體能選擇適合的步道，運動後更能在路攤購買小農自種的蔬果回家，或是到有名的香菇街品嚐香菇大餐。當地生產的香菇乾貨品項齊全，季節對了還能體驗採收香菇樂趣。

INFO

香菇街 MAP P187,C3

地址：台中來新社區協中街 116 號之 1

大坑登山步道 MAP P187,C1

地址：台中市北屯區東山路

電話：(04)2228-91111(台中市風景區管理所)

營業時間：全天

價格：免費

5 森林莊園浪漫遊
到森林也可以浪漫享受約會

暫離都市林立的生活，來戶外享受一場親近自然的約會，在浪漫的紫色世界「薰衣草森林」寫下心願卡，享受花、草為食材的料理及天然的日用品。甚至到磅礡大氣的歐洲古典莊園，漫步石砌道路上欣賞依勢造形的古堡建築，處處精彩值得留戀。

INFO

薰衣草森林 MAP P187,C4

地址：台中市新社區中興街 20 號
電話：(04)2593-1066
營業時間：10:30~18:30，週六、日 10:00~18:30
價格：入園費 100 元 / 人

新社古堡莊園 MAP P187,C3

地址：台中市新社區協成里協中街 65 號
電話：(04)2582-5628
營業時間：09:00~18:00，假日 08:00~18:00
價格：全票 250 元，半票 150 元

4 和野生動物和平共處
郭叔叔帶你認識獼猴生活

位於中正露營區旁，這裡是過去大坑的獼猴區，常常會有獼猴潛進果園偷採水果，在九二一地震後當地一位果農便每日前來餵食猴群，並學用吹口哨方式和猴群溝通，讓猴群不會到處流竄，這個人就是郭叔叔郭賢男先生。每到假日上午十點至下午二點，郭叔叔會在獼猴區示範表演，讓民眾透過他的解說，近距離了解大坑野生獼猴生態，看著小獼猴相互抓癢的可愛模樣，生物間相處的奇妙純真難以言喻。

INFO

郭叔叔彌猴園 MAP P187,C4

地址：台中市北屯區北坑巷 116 號
電話：(04)2439-0272
營業時間：09:00~17:00
價格：入園費 100 元 / 人 (可抵茶葉蛋、湯或冰棒)

3 眷村廣場吃懷舊台式料理
品美食再飽覽萬家燈火

位於大坑山上的陸光七村，是間口碑極佳的懷舊餐廳，能品嘗到台灣傳統菜餚或眷村美食，不僅美味氣氛更到位，台中市夜景在這裡可是盡收眼底。室內的陳設以 40~50 年代的擺設為主題，有司令台及國父的瞻仰照，兩側還有愛國標語，眷村風格濃厚。走進門口，上方的扁額寫著「大坑第一味」，什麼第一味？就是店內的「招牌筍仔糕」，這是陸光七村不只一次拿下大坑嘉年華百桌千人宴票選的冠軍菜餚。看似傳統的蘿蔔糕，內裡攪和的可是爽脆筍絲，好口味歷久彌新。

INFO

陸光七村 MAP P187,A1

地址：台中市台中市北屯區北坑巷 12-20 號
電話：(04)2239-0707
營業時間：16:00~11:00，週二休
價格：均銷 200~480 元

包旺家 BOWWOW+

毛小孩專屬限定的寵物餐廳

原本只是一間小小的寵物用品工作室，因為想要有個更大的空間讓客人的寶貝及自家的犬能更自在的活動，便打造不只是寵物友善且提供寵物餐點的餐廳。入內就可看到綠油油的草坪迎著毛孩子們。一樓是餐廳、二樓是寵物用品區也是工作室，空間規畫皆以犬族活動習慣為基楚做到最佳優化。從裝潢、動線規畫、草地養護及餐點配置等，一一考慮連毛小孩主人都沒想像可能發生的事，辛苦，但卻能營造對狗狗更為友善的空間。毛小孩們盡興奔跑後大口呼吸如笑臉的滿足臉龐，正是主人和其夥伴們努力的最佳驗證。

推薦理由：

對寵物友善且提供寵物餐點的餐廳

INFO MAP P187,B2

地址：台中市北屯區柳楊西街二巷1號

電話：(04) 2235-3669

營業時間：10:00~20:00，週二休

The world of good

寵物友善空間，歡迎光臨！

骰子牛肉

〉主人吃飽飽等會跟狗玩

份量超多，菜色的搭配十分均衡，有鮮嫩多汁的骰子牛肉、沙拉、濃份，外附一份湯及飲料，是一頓健康的早午餐。

價格：380 元

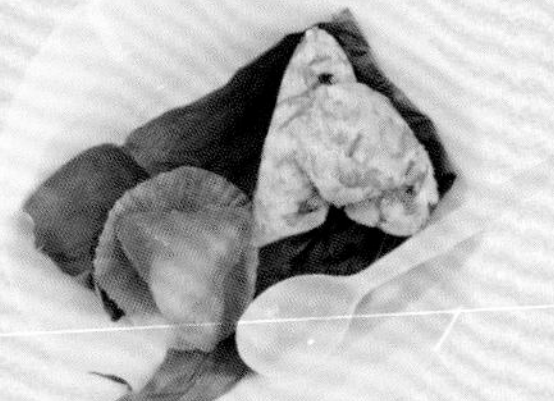

寵物餐 雞肉磚 100g、平果粽（端午節版）

〉寶貝也來外食

每次出門帶著寶貝出門，總是讓毛孩子睜著大眼看著你，看它那一副想吃樣，總是忍不住把手中的食物分點給它，店主人了解到特別製作寵物的特餐，以打碎的蔬菜拌入大量的雞肉泥裡定型後就是一頓狗狗健康外食。

價格：70 元

寵物配方奶

〉喝了不會拉肚子

比奶粉更好吸收！不同於一般寵物牛乳使用乳粉泡製，ZEAL 使用新鮮牛乳（Whole Raw Milk）製作，營養價值更高。ZEAL 犬貓鮮乳使用不含乳糖的牛奶製作而成，讓寶貝吃的安心健康。

價格：170 元

夏季領巾

〉批個涼巾出門不怕熱

為包旺家 BOWWOW 寵物用品工作室自製的寵物領巾，有伸縮調整繩，雙層的設計內層可放入冰陣後的保冷劑，讓犬犬夏天出門或白天出門時，不會因為體溫過而導致熱中暑。一包裝含袋子及保冷劑。

價格：590 元

s 號寵物進口涼床

〉讓犬犬渡過涼爽的夏日

美國 K&H 品牌寵物進口床，用最好的 600D 牛津布材質，不容易崩塌龜裂。最好的彈性編織透氣網狀面外加烤漆金屬鐵管，整體好收納好組裝不需要使用任何螺絲。

價格：980 元

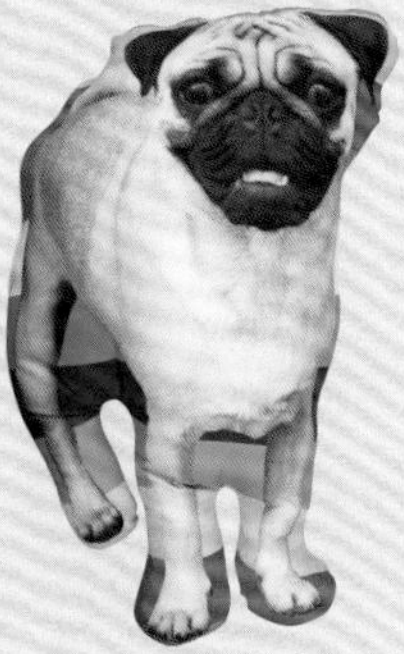

客制化轉印抱枕

〉讓寶貝的身影隨時陪著你

把自家愛犬可愛的模樣，可以等比例或是縮小、放大，客製成專於寵物的抱枕，放家中裝飾或是送給愛犬卻無法照顧犬的朋友，讓可愛的毛寶貝用萌萌的大眼，融化每個人的心。

價格：900~1800 元

弍六手作甜點

MAP P187,A1
地址：台中市北屯區后庄路 212 號 2 樓
電話：0966-990060
營業時間：12:00~18:00(賣完為止)，不定休
價格：彩虹生乳酪 80 元

女孩最愛甜蜜約會

弍六手作甜點 淺嘗一口盤裡彩虹斑斕

初生之犢不畏虎，憑著真心熱愛甜點製作的努力，全家總動員一起甜蜜編織彩虹甜點夢

1

年輕的主人思吟，高中接觸了烘焙，驚喜的發現自己對烘焙的熱愛，一直延續到讀大學仍在實習時，為了研究甜點的法門，即使一天的實習工作令人精疲力竭，仍不顧疲憊的身體，執意窩在廚房潛心研究。

如此盡心鑽研當然是很早就顯露的專業的光芒，大四時，製作的蛋糕甜點就已在網路上販售，假日，便在勤美術館周邊的綠園道市集擺攤推廣，恆心持續了一年的市集生涯，漸漸地累積起了人氣和忠心的粉絲。待學業圓滿告一段落，便全家總動員，利用自宅的空間整理出既是工作室也能招待客戶品嚐甜點的空間。

店內的空間皆是思吟自己設計和家人齊心打造整理的，室內空間簡單明亮卻頗具巧思，每一個小角落都是用心的證明，像是

屋內轉角地方，利用採光良好的窗邊和坐鋪就成了店內特殊一景。甚至連空間內造型特殊的桌子也是。喜歡自助旅行的思吟，某次在東京的一間甜點店裡發現這種造型趣味且實用性極佳的家具，便希望自己將來的甜點店裡也能運用這種樣式別緻的桌子。可是台灣市面上卻遍尋找不到類似設計的桌子，還好喜愛敲敲打打的爸爸，挽起袖子，親自幫她製作，風格簡約的空間，就在這些形狀特別應用性又十足的桌子點綴下，更多了份設計感。

店內最受歡迎的招牌「彩虹乳酪蛋糕」，應用純天然植物粹取的食用色料成色，變化繽紛的色彩暈染其中，每一個蛋糕每一刀切面的顏色暈染和形狀都不一樣，每一塊都是獨一無二，為原本就是口味層次深遠的起司蛋糕，更添了一筆燦爛繽紛的註解。

4

2

3

6

5

1. 巧妙利用房子結構，把屋子轉角的部位變為採光明亮又舒服的特別座位。2. 每日現作乳酪蛋糕，每一次都會有不同口味的選擇，想要指定口味請提前預定吧！ 3. 招牌彩虹乳酪蛋糕，是女孩子最愛。每一片都呈現不同的顏色變化，光看就很有意思。4. 各種型狀的桌子，每一桌都是父親親手製作。5. 簡單、利落的空間，讓人更能專注品嘗蛋糕的美味。6. 歡迎大家旅遊時經過、路過進來休息吃蛋糕。

推薦理由：
綠意空間裡藏著美食、咖啡和精緻小物

Buka 這一隻熊

都市裡的浪漫小花園

如果不是有人指引或是特地尋覓，可是會經過了這家店門口三次，還是渾然不知的。在寬大的市區柏油路旁，有一大叢如森林公園般的綠意，裡面可藏著一間供應著美食、咖啡和蒐羅自世界各地的精緻小物。要進到店裡，得沿著小徑，穿越外面一大片蓬勃茂密的綠意，窺探別人家祕密花園般，心跳也不自覺竄升，進店們前過程似是一場微型歷險。直到進了店門，眼前充滿層次感且多到讓人快爆炸般的室內各種細節，和空氣中淡淡暖暖的食物芬芳。絕對要找個座位，劃為自己的地盤，管他這裡是不是真住著一隻熊，這地盤今天搶定了。

INFO MAP P187,A1

地址：台中市北屯區山西路三段 161 號
電話：(04) 2422-2147
營業時間：咖啡屋 11:30~20:00，雜貨舖 10:00~20:00，週三休

The world of good 城市幸福小角落

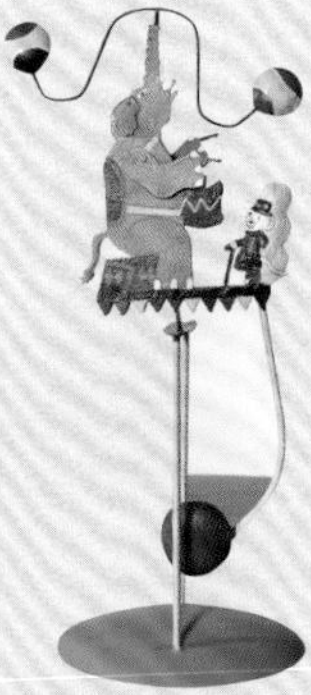

日本動物造型陶器

〉可愛又實用的食器

目前很受歡迎的食器系列，以叢林裡的動物圖樣作為食器的裝飾花紋，在馬克杯或盤子上有獅子、猴子、貓頭鷹等不同的圖樣。可愛的食器，實用又平價，送禮自用兩相宜。

價格：一只 650 元

日本素人藝術雕塑

〉簡單傳神的手捏陶

手作質感強烈的雕塑，是日本街頭素人的作品。造型簡單、質樸，不像是一般灌模製出的產品，表面手捏的痕跡讓每一個小雕塑都是獨一無二，極具收藏價值。

價格：150~220 元

可愛馬戲團搖擺件

〉精緻復古又童趣

由國外跳蚤市場帶回的鐵製立式擺件，以逗趣馬戲團表演的圖案表現平衡。色彩濃厚的擺飾放置書桌、窗台等空閒之處，顯得復古趣味十足。

價格：1500~2000 元

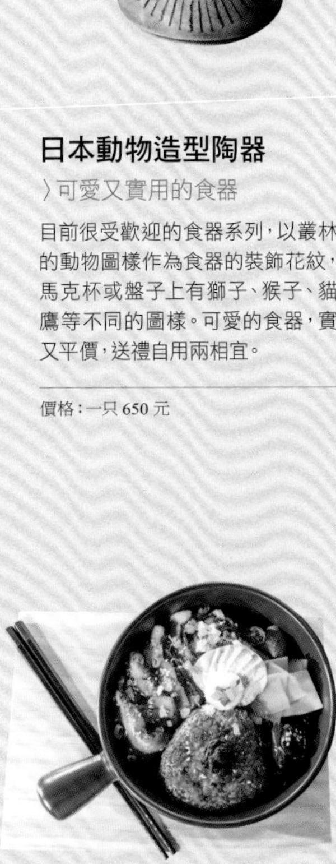

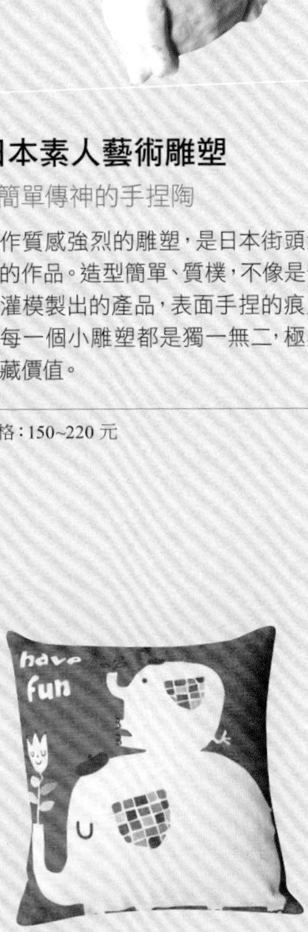

日春。飯丸

〉炙燒雞肉飯團套餐

這是咖啡廳提供的套餐，用紅鞠拌的飯丸略烤過，外層可以吃到略脆、帶著焦米香的飯，醃漬的木瓜及入味的雞肉再加上其他當季的蔬菜，整齊錯落在單柄鑄鐵鍋裡，還未開動光是整體擺盤就讓人大飽眼福。

價格：380 元

天然麻印花抱枕

〉沙發族必配的舒適小物

在沙發上或靠或墊上舒服的抱枕，看電視或小說，喝著一杯茶、咖啡，在家悠閒的享受是最幸福的時光了，天然麻布印花實用又兼具好看。面料手感舒適，柔軟透氣性佳，用起來極為舒適。

價格：850 元

DIY 手縫表情布娃娃

〉隨時幫娃娃換張臉

素體娃娃，沒有五感可以自由發揮創意，把鈕扣、亮珠、亮片、寶石等任何材質縫上，甚至可以自己銹出可愛的表情，更可以做各種衣服或配件在娃娃上。

價格：1050 元

二、三分埔美食大進擊

追尋先民開墾路徑找美味

現今台中北屯區在清朝時期先民開墾的時代被稱為二分埔、三分埔，這稱呼在現代地名裡雖未留有一點蛛絲馬跡，但遺下的脈絡仍值得探尋。

小編的私房旅行筆記

好吃好玩的秘訣
在這裡通通
大公開

古稱二分埔即現今北屯區的昌平路一帶，曾是名聞中部的手工製鞋區域，有著皮鞋街的美譽，昌平路上的剛好冰果室，濃濃 80 年代風味的冰果室，端出的可是鮮果雪綿冰，東光市場早上是傳統市場，太陽一下山就成了老攤林立，打牙祭的最佳去處。老店欣欣商號，夏天的剉冰豆花料豐味美，冬天的湯圓餡飽皮彈牙，是歸鄉遊子最愛家鄉味。三分埔民俗公園附近的音樂玩咖，主人原本是交響樂團的專業樂手，轉換人生跑道不只推廣音樂的美好，也分享咖啡濃醇香，如果在店裡彈奏一首樂曲，老闆還會請你喝咖啡唷。

剛好冰果室

懷舊冰店風味也可以很新潮

未進店內就被門口舊式的挫冰機吸引了目光，符號般的象徵讓人快速聯想起了清涼，多元的口味冰品更是滿足年輕人喜愛嘗鮮的心。

INFO MAP P187,B2

地址：台中市北屯區昌平路一段 31 號
電話：(04) 2234-0431
營業時間：12:00~23:00，週六、日 11:00~23:00
價格：綜合水果冰 150 元

東光市場

當地居民最愛的宵夜場

早上是傳統菜市場的東光市場，到了晚上就變成附近居民滿足晚餐和宵夜的大排檔。

INFO MAP P187,B1

地址：台中市台中市北平路四段 89 之 51
電話：(04)2234-3395
營業時間：每攤時間不一，大都為 17:00~12:00

欣欣商號

冬天別忘了來吃湯圓

在昌平商圈快三十年老字號的欣欣商號，冬天販售的手工湯圓是當地人大推的暖胃聖品。

INFO MAP P187,B1

地址：台中市北屯區昌平路一段 408 號
電話：(04) 2243-6690
營業時間：15:30~23:00，週日休
價格：花生豆花 35 元

音樂玩咖

喝咖啡玩音樂的開放空間

本身是專業音樂人的主人，歡迎來喝咖啡的朋友能一起分享咖啡、音樂及人生。

INFO MAP P187,B1

地址：台中市旅順路二段 122 號
電話：0935-396321
營業時間：10:00~20:00
價格：手沖咖啡 100 元

小編的私房旅行筆記

好吃好玩的秘訣
在這裡通通
大公開

黏全潤餅在台中每逢清明節總是排隊爆滿一餅難求，特製的蔬果餅皮和搭配時蔬每日不同的口味，晚來可就吃不到。老練牛肉麵不但店裡古典樂浪漫飄揚，健康自然的湯頭搭配彈牙麵條，不只牛肉麵魅力十足，水餃亦是清甜爽口。The Door 安心食材則是嚴選通過認證的美味農產，讓你優雅的享受下午茶的同時便把關好全家人吃的健康。新開的大師兄水煎包，不但主人年輕有勁，煎包更是飽滿大方，不計成本似的養生食材爆滿內餡，清爽不油膩的焦香麵皮不管啥時吃都不怕有負擔。在地人推薦的雙喜豐仁冰，數十年不變的滋味，沁涼冰沙隨時帶著走。

5 粘全潤餅

每日餅皮換口味

傳承二代的粘全潤餅，研發出各種不同口味的餅皮，每日現作的餅皮及餡料，美味又健康。

INFO MAP P187,B1

地址：台中市北屯區熱河路二段 192 之 1 號
電話：(04)2241-1363
營業時間：11:00~07:00，週日休
價格：潤餅 45 元

6 老練的店

文青風的老牛肉麵店

彈牙的麵條、軟嫩但口感十足的肉塊，佐上獨門辣醬更是一絕，香辣甘酸的風味微辣不嗆口。

INFO MAP P187,B1

地址：台中市北屯區熱河路三段 9 號
電話：(04)2241-1235
營業時間：11:00~14:00、17:00~20:00，週三休
價格:蔥燒牛肉麵 130 元，老練拌麵 (辣)80 元、冰紅茶 30 元

7 THE DOOR 安心食材

掛保證的小農蔬菜來這找

以推廣有機無毒小農蔬果為目的的主人，每季蔬果採取預定方式，下訂後來門市悠閒的喝杯咖啡順便取貨。

INFO MAP P187,B1

地址：台中市北屯區大連路二段 213 號 1 樓
電話：(04) 2241-5515
營業時間：10:00~18:00，週一休
價格：當季蔬果時價，麥茶 35 元

8 大師兄水煎包

滿滿餡料好實在

住宅區內突然出現的煎包專賣店，每日現做夾了滿滿餡料的大餅及煎包，是附近居民推薦的好滋味。

INFO MAP P187,B1

地址：台中市北屯區修齊街 22 巷 12-2 號
電話：0955-322866
營業時間：14:30~18:00(賣完為止)，週日休
價格：南瓜大餅 30 元，紅豆餡餅 20 元
高麗菜包 20 元

9 雙喜豐仁冰

在地 27 年的路邊攤冰品

老朋友都知道的老攤子，真材實料的水果製成冰砂及冰淇淋，入口就是台灣專屬懷舊好風味。

INFO MAP P187,B2

地址：台中市遼寧路與瀋陽路
電話：0937-767752
營業時間：15:30~23:00
價格：小杯 25 元，大杯 40 元

寶之林

回收家具大變身

MAP P187,C1

地址：台中市北屯區環中東路二段 333 號

電話：(04)2436-9702

營業時間：08:00~17:00，週三及例假日休，週日家具販售開放時間為上午 08:00 至 16:00

價格：戶外園區免費參觀、惜福商品 10 元起

由台中市環境保護局創立的「寶之林」，是目前台灣地區第一個環保教育園區，園區內四處可見繽紛的彩繪和利用各種回收資材搭配無盡巧思製作的裝置藝術，寬廣的綠地和林木，讓人完全無法將眼前的景色跟廢棄物聯想在一起。

1.5. 園區內的惜福商店，陳列的是外觀完整乾淨功能正常的二手物品，以 10 元起的價格讓人們購回。2.3.4. 園區內處處可見利用回收垃圾創作的裝置藝術，或是庭園造景。

除了設有常規公園皆有的遊憩設施，區內還有二手物品展售的專區和小型家電診所和家具醫院。常會聽說，一個人的垃圾或許是另一個人的寶，此言果真不虛，展示場裡的物件無論是衣物還是日常用品，每一件都是經過整理且功能俱全外觀光潔的品項，而且只要付出少少的金額，就換你當這些物品的主人。

展售區最受歡迎的品項就是回收家具了，展售場內的家具每一件都是翻新過的，功能正常外觀如新，而且還不時會出現年歲一甲子以上的骨董家具，如果造訪的次數勤勞些，眼尖的你或許可以在這裡找到夢寐以求的逸品。

如果旅程計畫周詳，還可以跟寶之林預約一場回收家具大變身的課程，不但可以在課程中了解家具的維修法門，還可以學習到如何賦予殘壞到不堪整復的家具新生命的實用技法。點石成金當然是不可能，但保有愛物惜物的心，垃圾還真的有可能變黃金喔。

樂樂木 -lolowood

與木為伍的快樂生活

台中山線地區自日治時代便是林場運輸集散地，造就了地區內木器加工業極盛一時，也成了這區域的代代相傳的傳統工藝產業。產業結構的改變及外移，曾經深植這地區的木業加工技藝漸漸凋零，樂樂木主人為了避免這些技藝消逝在時光中，便設立了如木器雜貨店一般的平台，結合設計與木工匠師技藝，讓手感樸實和應用性精良的木器重回日常生活中。以「生活應用」和「可量產化」為核心理念，讓兼具傳統文化意涵和現代生活應用的木藝品，重回現代生活細節中。

INFO MAP P187,C1

地址：台中市北屯區廍子路 717

電話：0988-958709

營業時間：10:00~17:00，週日、一不定期公休

推薦理由：
結合設計與木工匠師的技藝，讓木器重回生活中

The world of good

手感創作，幸福日常

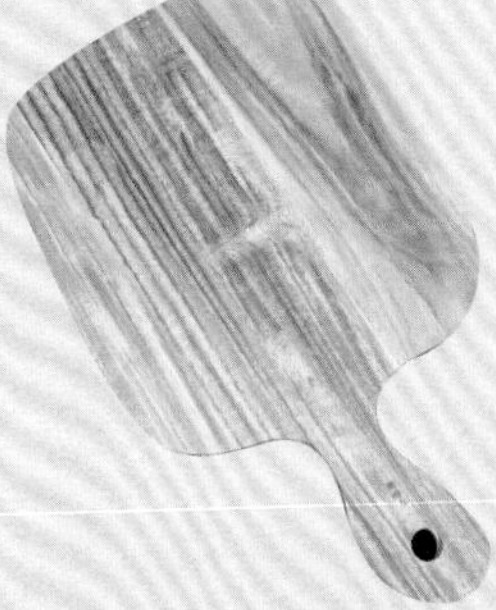

吐司手機充電擴音盒

〉吐司帶出門

長跑外面，到了有插頭的地方就想幫手機充電，總是找不到地方放手機，放在木製保護盒裡能安頓手機外，木盒還可做為簡單的擴音盒，讓原本如貓叫一般的手機音效變的渾厚飽滿。

價格：580 元

台灣相思木手作餐板

〉簡單的新食用方法

特別選台灣相思木，相思木質地堅硬，其獨有的木紋讓餐板顯得獨一無二，做成單手把木餐板，可以切菜也可以將食物直接擺盤端上桌食用，對於不想洗那麼多杯杯盤盤的人來說是個方便又率性的用法。

價格：1500 元

雙層日式野餐提籃

〉拜拜也可以很時尚

今年開發的新系統產品第一件，以台灣庶民器具為原形，加以轉化設計讓簡約器具外形兼具時尚及實用，轉角處使用鍵片榫具有美觀及固定錠用。kay 打趣的說她還希望那天能提這個籃子去拜土地公，除了便利又環保的。

價格：1980 元

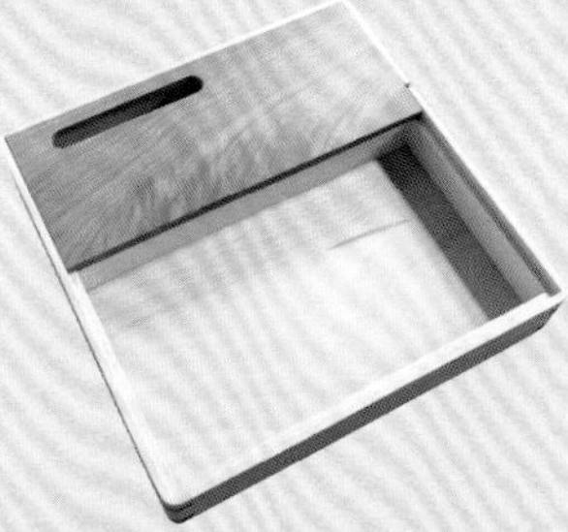

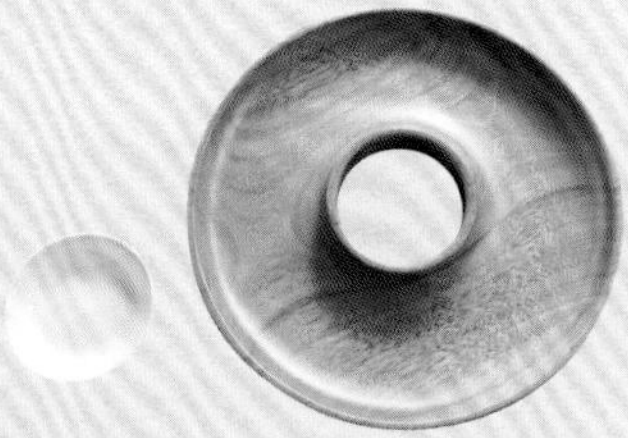

架高盆栽架

〉是花架也可做紅酒架

原是為國外水壺訂做木把手，鋸下把手形狀後的廢料，kay 當時覺得這樣的東西應該還可以再做些什麼，於是就開發出這可愛的架高盆栽架，前後鏤空的圓洞，拿來立放當作紅酒架也很適合。

價格：1500 元

吐司手機充電擴音置物木盒

〉桌面整齊好輕鬆

手機充電老是沒有固定的位置，不小心就讓手機自殺式的往下跳。讓手機有個家，也讓桌上的小零件耳機線、行動電線、零錢等通通收到另一邊的空間，讓桌面變的乾乾淨淨。沒充電時把手機立起放在木盒預留的開口中，木盒就變為簡單好用的擴音箱。

價格：1000 元

關子嶺火山木盤

〉去毛球的最佳利器

有點類似調色盤，淺淺的深度中央的醬料碟可以任意拿取，適合放置需要沾醬料的零食或是水果盤，因為造形類似火中口取名為火山盤，是樂樂木最近的作品。

價格：1500 元

真材實料經典美味

不能錯過的大坑甜品 來呷一碗甜甜補元氣

在通往新社的半山腰處，路中一座土地公廟高大的榕樹告訴上山或下山的人們，來到這就休息一會吧！吃的喝的附近散步就有，東東芋圓就在這，真材實料的柴熬嫩仙草或是懷舊的文青杏仁豆腐這裡也找的到，休息一下來碗甜蜜吧！

The food of good

簡單就是美味

真材實料的感動

東東芋圓

上山中途的休息站

東東芋圓名聞遐邇，是造訪大坑地區必吃的店家之一。

室用用餐空間明亮、寬敞，吃碗冰休息一下就上山，繼續未完的旅程。

選好配料後再日上 Q 軟的芋圓，夏天加冰、冬天喝甜湯，怎樣都好吃。

INFO MAP P187,C1

地址：台中市北屯區東山路二段 48-3 號
電話：(04) 2239-6349
營業時間：09:00~22:00
價格：50 元

新凍嫩仙草

用柴火熬著十二小時的苦甘滋味

就位於東山路邊，一家堅持用柴火熬煮十二小時以上的嫩仙草。

牆上有著可愛的彩繪，點碗嫩仙草就隨意找張桌子開始享受吧！

入口回甘的純正滋味，在速成製品充滿市場的今天，是難得的傳統美味。

INFO MAP P187,C1

地址：台中市台中市北屯區東山路 2 段 34 號
電話：(04)2439-2861
營業時間：10:00~21:00
價格：綜合嫩仙草 35

三時冰菓店

古色古香古早味

位於巷子內，充滿濃濃日本風格的冰菓室，木造的吧台讓人好奇注目。

利用老屋的格局，保留其隔間做為用餐空間，還可看出原爐灶的位置。

傳統的鳳梨冰上加上招牌杏仁豆腐，還提供輕食可以選擇。

INFO MAP P187,C1

地址：台中市北屯區橫坑巷 20 號
電話：(04)2239-0530
營業時間：平日 12:00~21:00，假日 09:00~21:00
價格：招牌紅豆杏仁豆腐冰 80 元

馬力埔彩繪小徑
走進鄉村小徑慢活趣

MAP P187,C3
地址：台中市中和街一段 114 巷進入
營業時間：全天 住宅區莫影響當地居民起居
價格：免費

原本短短不過數百公尺的農村彩繪，在社區居民齊心協力下發展為全長近二公里的大型集體彩繪作品，每一戶人家上的作品都是跟在地特色產業及各自的民宅風格和諧結合的作品。

自主要幹道轉個身，邁入小

2

1

1.3.4. 彩繪圖案裡有許多花卉農產品的圖案。2. 原彩繪小徑全長只有100多公尺，如今已畫滿了約二，三公里的老巷弄 5. 當地有神無廟的九 媽的宗教活動彩繪。

5

4

3

徑中，不自覺沾染了農村慢活悠樂的氛圍，讓人不由得減緩步伐，細細品味。當地土壤肥沃，農產品自然是種類繁多，小徑的彩繪紀錄著馬力埔當地豐富的農家日常如花卉、蔬果、水果、香菇的產業，如實的描繪著厚實的人文景觀。

雖然說漫步在安靜的農村小徑，輕聲細語的感受環境才有禮貌，但精彩的畫作總是在蜿蜒的一個轉角，帶來令人不由得驚嘆的感動。不只是描繪日常生活百景與農產豐饒，社區彩繪還訴說著馬力埔在日治時期因土壤肥沃而遭當時殖民政府強徵土地引發的台灣第一起農民運動，差一點被淡忘的歷史，因為社區彩繪的描繪，再度鮮明了回來。

略處高地的馬力埔，空氣清新，風息中帶著輕快的涼意，每次造訪總有令人洗滌心靈的感覺，是這裡的環境，當地的故事，或是空氣中漫著果實芬芳，不論哪一樣，放慢心上的節奏和步伐，來這裡感受最真切的台灣農村生命力。

坪林森林公園輕鬆遊

舊軍營變身滯洪環保綠森林

原為國防部國軍坪林營區用地，改建為太平區第一座兼具生態滯洪及森林休憩功能的大型多功能公園。內有環湖步道、木棧道、兒童遊戲區還有獨特造型可容納 1200 人的戶外展演廣場，平日是居民休息、散步、兒童玩耍的好去處。

INFO MAP P187,C2

地址：台中市太平區中山路二段（803 國軍醫院對面）

營業時間：全天

價格：免費

施雜貨

MAP P187,C2
地址：台中市太平區中山路二段 261-1 號
電話：(04) 2392-5885
營業時間：11:30~15:30，週一、二休
價格：每人 350 元 (需至少前一天預定)

小巷弄裡找日常

施雜貨
追本溯源一起友善土地

店裡所有的一切皆是家人親手製作，也希望透過餐點的方式，讓更多人領略友善土地的美好。

1

「施雜貨」的主人們就是一家人，店裡看的到的家具裝潢和照明燈具，除了水電佈線，一桌一椅、砌磚疊瓦，全家人齊心打造，把原本是修車廠的一樓，徹底翻修成讓人坐上椅子屁股就生根的舒適客廳。

這一家人分享的可不只是他們家的客廳，還有悠樂慢活的生活情調，名為雜貨店，但店裡可不僅是只有生活什物，精心挑選有機農法精選食材，喜歡甚麼可是要應著季節時令預定，最十拿九穩的，就是當下就預定明年的好東西，不然就只得望物興嘆囉。

不會下廚的朋友也不需擔心吃不到主人們分享的好東西，這裡的無菜單料理，只要事先預約，女主人阿默便會施展巧手，運用每一樣精心挑選的食材，做出一道又一道上了餐桌都還可以

朔及來歷的安心美味，只要準備好你的空胃袋和一張期待食物原味的嘴，土地育成的真實好味，等你來嘗。

施雜貨二樓還有一個展示著經精緻手工燈具的小天地。這些全是曾為資深汽車技工的男主人「赤牛仔」，退休後不遺餘力的投入物盡其用、廢品再利用的創作行列所成就的成果。相對於土地生命亙久恆長的存在，人為創造的商品壽命周期相對短暫的驚人，而這大量替換的物品往往被上了「廢物」的戳記便送往垃圾處理單位眼不見為淨，殊不知土地在這過程深受毒化，赤牛仔的創作，不僅是物盡其用、廢物再利用的一種實踐，也是在物質過度滿足的今天，另一種面向的映照。

4

2

3

6

5

1. 原是自宅的居住空間，旁邊就是赤牛仔伯的修車廠，赤牛仔伯退休後開始創作後，家人們親自動手，一點一滴整理自宅空間，讓這空間更舒適。2. 餐點採無菜單預約制的方式，皆是使用有機無毒的當季蔬食，沒有復雜的烹調，以健康的家常菜呈現。3. 自己做的餐後甜點，及水果，每次口味都不一樣。4. 空間看得到的裝潢皆是家人一起動手製作的。5. 原是修車廠如今已是舒適溫馨的用餐空間。6. 在廚房忙錄的阿默姐，是今天的主廚。

南屯 大里 霧峰

5件來這裡必做的事

1 自助式路邊肉圓攤

大快朵頤平價好料

小貨車下午時間一到，就打橫在鐵皮搭起的空間前做起生意，當地人說，這肉圓攤以前可是只有手推車打大洋傘在大樹下做生意，涼傘樹肉圓的名聲自此不脛而走。點餐方式，外帶請排隊，內用需自助，自顧自拿走肉丸找張椅子隨意坐，沒桌子捧著碗吃完想再加點就拿碗過去找老闆。

吃完透明Q彈的肉丸皮後，加入一旁免費提供的清湯，餡料和醬汁成了一碗豐盛的肉湯，平價簡單又滿足，對了，吃了幾個要自己記好，離開前再把錢給老闆就行了。

INFO

涼傘樹肉丸 MAP P188,C3

地址：台中市大里區大新街49號

營業時間：15:00~18:00(賣完為止)

價格：一粒20元

2 沉浸清水模禪意建築哲學

安藤忠雄在台灣又一禪意經典

在亞洲大學校內的建築體可是世界建築形式集合之作。除了校園內綠頂紅磚搭蓋的歐風建築，座落在校園對面，由利落線條深靜灰色構成的現代美術館，雖與周邊景觀相融，但其獨特的建築語彙，有著不可忽視的自明性。

由安藤忠雄建築設計師操刀設計又一精彩手筆的美術館，透過沈靜的混凝土原色，表現出無需贅言的禪意，在校園一片以歐美華麗建築群裡，沉穩的散發其強烈的存在感。館內多樣展品皆是名家大氣之作。不定期興辦各式展覽，是霧峰區僅有的私營美術館。

INFO

亞洲現代美術館 MAP P188,C4

地址：台中市霧峰區柳豐路500號

電話：(04)2332-3456#6468

營業時間：09:30~17:00，週一休

價格：門票300元

5 不能錯過的在地老味道

三五好友成群齊享受

不論是位於眷村裡像是吃露天辦桌的牛肉麵，或是人潮不斷的老牌羊肉，其唇齒留香的美味和份量，朋友相揪集伴聚會一次滿足。

INFO

圓環潘霖牛肉麵 MAP P188,A3

地址：台中市霧峰區坑口村中正路 9 號
電話：(04)2330-2256
營業時間：17:00 開賣，每月的第二、四週休
價格：牛肉麵大碗 80 元、小碗 70 元

老牌羊肉 MAP P188,C4

地址：台中市霧峰區樹仁路 25 號
電話：(04)2330-0120
營業時間：11:00~22:00
價格：羊肉爐 450 元

4 霧峰林家花園

欣賞古早望族豪宅之美

霧峰林家建築古蹟範圍：包括下厝系統、頂厝系統以及萊園三大部份。開放區域是下厝所屬之宮保第及大花廳兩個建築群落，霧峰林家『宮保第』是清朝水陸提督林文察一族的宅邸。

臺灣閩式官宅代表「宮保第」，規模宏大全台第一。細木作部分，材料使用上呈現在地特色，窗花刻有蝙蝠、螭龍等傳統吉祥圖案，增添華了麗氣派感。臺灣僅存的福州式戲台建築「大花廳」，是當時作為宴客和家族聚會看戲等活動用途，更是鼎盛的重要象徵。

INFO

霧峰林家宮保第園區 MAP P188,C4

地址：台中市霧峰區民生路 26 號
電話：(04)2331-7985
營業時間：09:00~17:00
價格：全票 250 元

3 小酙「初霧」感受一滴入魂

香米文化與酒韻的融合

改造活化閒置的萬豐舊谷倉，設立香米米藏、清酒酒藏（釀酒區）及萬豐穀倉、阿罩霧柑仔店等，更保留珍貴地方農村文化資產一舊碾米機，具有體驗農趣、文化、教育、品酒知性之旅魅力，是台灣第一座美學酒藏。

遠赴日本學習，傳承日本杜氏「心魂傾注」的造酒精神，嚴選霧峰特別栽種的益全香米，並汲取甘甜的埔里山泉名水和麴菌，經過繁復多重的釀造，釀造出不輸日本的台灣清酒傳奇。

INFO

霧峰農會酒莊 MAP P188,C4

地址：台中市霧峰區六股村中正路 345 號
電話：(04)2339-9191
營業時間：09:00~17:00
價格：初霧濁酒 150 元

彩虹眷村

彩虹守護最初之地
繽紛童趣彩繪世界

彩虹降臨老眷村時，那在人們心中吹起的美麗漣漪，至今仍靜靜的，擴大著。

INFO MAP P188,A2
地址：台中市南屯區春安路
營業時間：白天
價格：免費

25号
在
有
25号
信

② 中南糙米麩
台灣最早的嬰兒副食品

不含任何人工添加物的米麩，先烤再爆後細細磨成粉，這可是數代人們從小吃到大的好滋味。

INFO　MAP P188,B1
地址：台中市南屯區南屯路二段 670 號
電話：(04) 2389-3519
營業時間：09:00~22:00，週日休
價格：糙米麩 150 元/675g

① 資豐美食文昌店
正港傳承台灣味

麻油、胡椒、薑片和豆皮一起蒸的油飯不知道還加了甚麼祕寶竟是如此香氣逼人。

INFO　MAP P188,B1
地址：台中市南屯區文昌街 144 號
電話：(04) 2380-3000
營業時間：07:00~19:00，週一休
價格：油飯 30 元

南屯犁頭店巡禮

「台中第一街」文化小旅行

不論街道如何改變修整，堅持在地的文化仍不變傳承。

中南糙米麩
萬和路一段
南屯路二段
金桃湯
三角街人文茶館
牛墟輕便車站
南屯犁頭店
南興巷
萬和路二段
林金生香餅行
阿有麵店
萬和宮
資豐美食・文昌店
文昌街

⑨ 三角街人文茶館
是店名也是地名

在轉角處日式巴洛克建築，面積不大卻也不容易被忽略，這可是南屯區三五好友聚首的好地方。

INFO　MAP P188,C1
地址：台中市南屯區南屯路二段 551 號
電話：(04)2389-1650
營業時間：10:00~23:00
價格：養生素食鍋 200 元

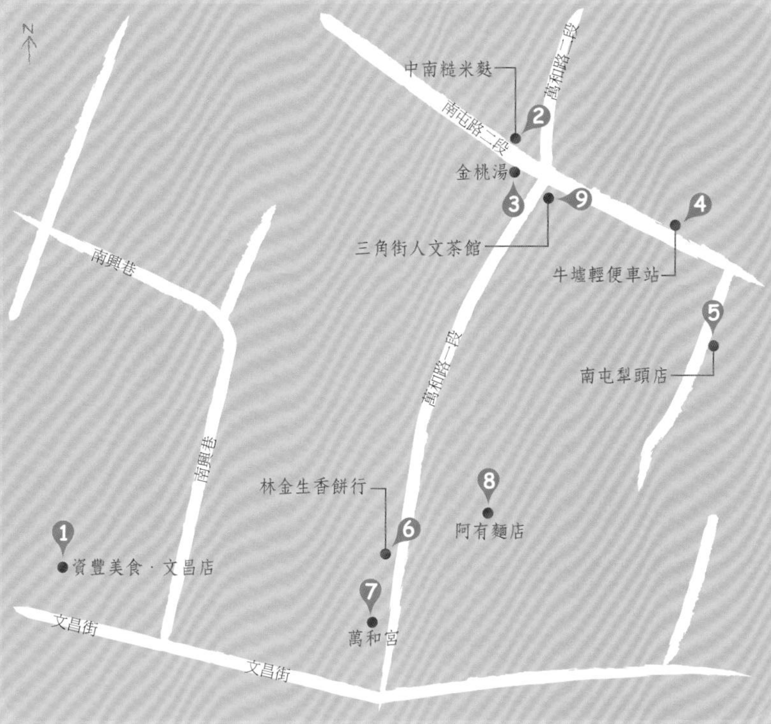

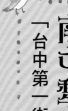

3 金桃湯

傳統古早味健康又養生

以古法釀造的楊桃汁和木炭烤地瓜紅遍大街小巷，更是路經南屯老街必買的點心之一。

INFO MAP P188,B1

地址：台中市南屯區南屯路二段 555 號
電話：(04) 2382-2366
營業時間：06:00~22:00
價格：楊桃汁大杯 35 元，蜜地瓜大盒 80 元

4 牛墟輕便車站

南屯耆老的共同記憶

早期輕便車是農村裡用以代步的短程交通工具。從這擺設輕便車仔，可依稀窺見當年生活樣貌。

INFO MAP P188,C1

地址：台中市南屯區南屯路二段 540 號對面
營業時間：全天
價格：免費

5 慶隆犁頭店

如老街脈搏的鏗鏘打鐵聲

因應早期農業需求，當地從有著將近二十間打鐵店，如今堅持著打鐵工藝的慶隆犁頭店，是目前南屯僅有的打鐵店。

INFO MAP P188,C1

地址：台中市南屯區南屯路二段 529 號
電話：(04) 2389-3199
營業時間：08:00~20:00，週日休

6 林金生香餅舖

堅持傳統的百年餅舖

舒適摩登的店裡裡仍賣著拜拜的祭品、麵龜、壽桃、喜餅，傳統老味不變，訴說街坊老故事更是不遺餘力。

INFO MAP P188,B1

地址：台中市南屯區萬和路一段 59 號
電話：(04) 2389-9857
營業時間：08:30~20:30
價格：南屯老街導覽 250 元 / 人，四人成行。

7 萬和宮

百年古剎信仰之地，節慶活動樣樣不同

每年端午萬和宮傳統慶典中的「犁頭店穿木屐躦鯪鯉」，還有流傳至今的「字姓戲」皆充滿了傳說及歷史文化。

INFO MAP P188,B1

地址：台中市南屯區萬和路一段 51 號
電話：(04) 2389-3285
營業時間： 05:00~22:00
價格：免費

8 阿有麵店

飄香半百的街坊好味道

佐點大越五香醋這豐潤濃郁的傳統滋味道盡台中老美味，餓了，別錯過這飄香半世紀的老麵店。

INFO MAP P188,B

地址：台中市南屯區萬和路一段 70 號
營業時間：08:30~19:00，週一休
價格：陽春麵 35 元，魚丸 5 元
價格：300 壯士列奧尼達可動人偶 1980 元

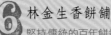

研香所

MAP P188,C1
地址：台中市南屯區萬和路一段94號
電話：(04) 2389-9859
營業時間：10:30~18:00
價格：手作體驗280元，彌月戚風250元

老建築新風華

研香所
古老和創新的融和新樂章

非餅店也不只是咖啡店，這是一間混搭不同時代建築風格的老建築，是一個充滿茶香、餅香、咖啡香的香氣研究所。

1

十九世紀便創立營業至今的林今生香餅鋪，已是邁入第五代的百年老字號。深藏南屯老街的現址便是原本製餅飄香的餅鋪舊址。在店裡新一代的傳承人接手後，販售傳統糕餅的專門店面遷移到萬和宮旁的新址，一方面能保持既有的傳統糕餅銷售的單純性且更方便服務客戶，另一方面，利用這機會，能好好地整理這棟原本是餅鋪的百年的古厝，讓它以更光鮮亮麗的面貌與世人見面，細說這百年來的風華故事。

店內清朝時期建成、將近150年的紅磚拱式穿堂與新建結構的極簡工業風格交織呼應，新舊融合。最顯眼的莫過於那一大片刻意保留下來以泥土製磚、堆砌成型的牆壁，古拙樸實，讓人不禁想撫上一把，

且和室內簡約的風格結合，意外的表現出一種新奇且不扎眼的時尚視覺感。

店裡賣的，可不只有咖啡茶點，而是融合了獨創飲品和傳統糕點的「台式午茶」，其中多項還是融合了台中特有的風土名物「麻芛」的糕點跟飲品。

原本麻芛口味微甘帶苦，對未曾試過的人極具挑戰的風味，在研香所主人精心調製搭配下，竟成了草本清香四溢的宜人美味。

店裡的茶點，除了一般製備完成、隨時可食的品項外，喜歡為自己的餐點出點綿薄力的朋友們，可以選擇DIY自製狀元糕。餐點上桌時，傳統的木雕模具和得耐著性子慢慢搓揉成型的食材便呈在面前，等著你為自己的下午茶盡心努力。

4

2

3

6

5

1. 超大的吧台，特地找了早期學校滑梯的洗石子材質，配合放在底下用了快一甲子的大烤箱，做成特殊尺吋的大吧台。2. 整棟建物就是一棟歷經百年的老屋子。3. 這可不是抹茶，以在地才有的食材「麻芛」做成的新奇飲品，把「麻芛」獨有的苦味去除，留下清香四溢的草本香。4. 以糕餅為主、飲品為輔的台式下午茶。5. 雖然是老建物，但卻可看見不同時代的改建建材。可知這裡大約在那時期做了些建築等等。5. 早期紅磚砌成的拱門是最初烤餅的地方。

溪邊十三咖非

這裡只有咖啡
想喝咖啡就來吧

一磚一瓦到咖啡烘焙煮出，體現人的雙手，是機器無法取代的溫度。

13說：這裡不是一般咖啡館
走進門內前請先想想
靜下心 找個位子 純粹品嚐一杯好咖啡
十三的堅持 用心態度 請用誠懇感受吧!!!

INFO MAP P188,B2

地址：台中市南屯區環中路五段 200 號
電話：0913-128988
營業時間：14:00~23:00
價格：每人 150 元

跟我走！當文青樂活悠遊去。

大里慢漫遊

尋覓時光洪流裡的昔日風華

N
臺灣印刷探索館
華興芋仔冰城
益民路一段
龍貓公車
德芳路一段
德芳南路
國光假日花市
大衛路
興大路
忠民南路
大明路
東榮路
大里老街
大里杙文化館
國立中興大學
中興大學康橋河岸公園
大里路
1
2
3
4
5
6
7

1

台灣印刷探索館

全台第一家印刷產業觀光工廠

原名為『台灣省政府秘書處印刷廠』精省後更名為「財政部印刷廠」，成立有一甲子之久。如今成為觀光工廠外，仍然在印製統一發票。來此能深入了解到印刷技術的演變。

INFO MAP P188,C3

地址：台中市大里區中興路一段 288 號
電話：(04) 2495-1001
營業時間：09:00~17:00，週一休
價格：全票 100 元

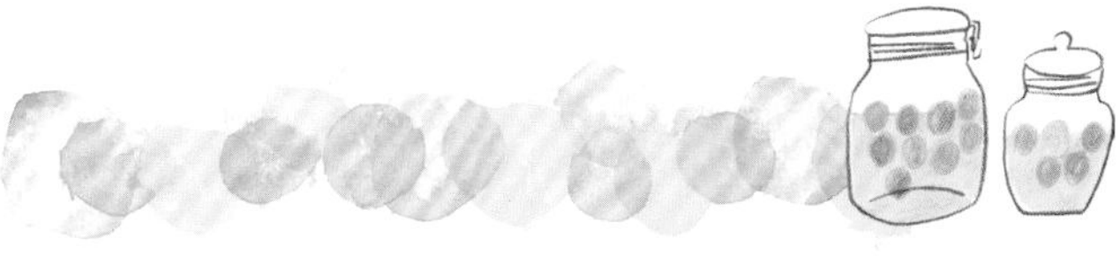

曾幾何時，隨著統一發票電子化，原本在台灣消費後便人手一張的傳統發票漸漸地自日常中消失，可曾思考過，這些理所當然的存在源自何處？大里的台灣印刷探索館正是可以解答如此疑問的地方，前身是統一發票印製處的工廠，重新規劃為細說印刷技術前世今生的地方。無論是中國印刷術的起源還是製出歐洲有名的「古騰堡聖經」的復刻印刷機，還是台灣近代的鉛字製作跟排版的技術展演，甚至防偽印刷技術的獨家法門，好奇的朋友到此造訪必定是滿載學問而歸。

台灣中部宴席結束後常作為最後一道甜點的「草湖芋仔冰」正是源自大里舊稱草湖的地方，其中「華興芋仔冰城」最為當地人推薦，絕大部分的製作時間都灌注在食材處

理的芋仔冰，純天然的食材造就不做作的好風味，結實的冰淇淋口感只要嘗過都會回味再三。

「大里杙文化館」就坐落在大里的老街入口不遠處，前身是日治時期集會所的建物古色古香，現在成了大里地區文化的展示推廣中心，初到大里如果不知道該往哪邊去，建議先來這裡走上一遭，親切的志工必定不藏私的分享在地人才知道的私房景點。

曾是台灣在清朝時期第六大港口的大里港，在河道改變後已不復見，但是曾經萬人空巷的老街道仍是留下一身的精采供人造訪，老街的美食仍是人潮絡繹不絕，別錯過了，每一口都是在地人代代傳香的好風味。

喜歡拈花惹草的朋友，真心推薦到大里國光花市走上一遭，不管是擺在辦

2 華興芋仔冰城
在地人從小吃到大的真材實料

每日一大早手工處理食材後，就是製冰的時候，真材實料又划算，沒嘗到可吃虧了。

INFO MAP P188,C3

地址：台中市大里區中興路一段 346 號
電話：(04) 2492-2322
營業時間：08:30~21:00
價格：方塊芋仔冰 10 元 / 個，冰棒 18 元 / 支

公室裡讓人開心一整天的迷你盆栽還是過節應景的花卉，這裡貨色齊全價廉物美，如果沒找到喜歡的儘管開口問，只要不是保育類的，這裡老闆們都會給你專業的建議。

原本住在山野的龍貓，走出動畫，搖身一變成了社區的守護神，如果經過別害羞，跟他來張合照圓一下童年的夢。

大里的康橋河岸公園，不但是台中輕艇隊的訓練地，風光明媚的新建河岸，成了在地人戶外休閒的新去處，這裡白天綠意盎然晚上氣氛浪漫迷離，周末時還有街頭藝人進駐，別錯過這裡，伴著河畔清風拂面樂曲飄揚，為旅程下一筆美麗的註解。

3 大里杙文化館
日治時期的大里杙保正集會所

1929 年建成的歷史建築，原是「大里杙保正集會所」，目前館內有常態性展出大里杙老街等史料。

INFO MAP P188,C3

地址：台中市大里區新興路 2 號
電話：(04) 2406-3979(大里區公所)
營業時間：09:00~19:00，週一休館
價格：免費

4 大里老街

清朝第六大港口處

清朝碼頭位址仍保存在老街盡頭，過往的建築景觀不復存在，狹窄長型的店面是因是當年寸土寸金租金昂貴，不難想像過去這裡的繁榮。

INFO MAP P188,C3

地址：台中市大里區大新線 49 號
電話：09623-329011
營業時間：06:00~14:00(賣完為止)，週一休
價格：三角圓湯 25 元，陽春麵 25 元

5 國光假日花市

植栽種養從頭到尾包辦好

成立於民國 73 年，是愛好花卉植物的人假日尋寶的園藝場所。結合了園遊會及古董展售，還有美食區，從吃到玩一次滿足。

INFO MAP P188,C3

地址：台中市大里區國光路二段 100 號
電話：(04) 2483-2770
營業時間：每週六、日 09:00~18:00
價格：小盆栽 30 元、餡餅 25 元

6 龍貓公車（善聽空間）

廢材利用的社區裝置藝術

在默默無名的大里街道上，陪伴著大小朋友長大的龍貓出現了，路過、經過時別忘了來合影。

INFO MAP P188,C2

地址：台中市大里區喬城路 133 號 (近大智路口)
電話：0918-306766
營業時間：全天 (夜晚請輕聲)
價格：免費

7 中興大學康橋河岸公園

越夜越美麗另一拍攝新景點

原是水利署第三河川局進行旱溪排水改善計劃後的衍生物。河岸邊二側寬徜的草地以及到了夜晚會不斷變化顏色的虹橋，美麗及舒適的環境，適合漫走、野餐。

INFO MAP P188,C2

地址：台中市大里區環河路和爽文路交叉口
營業時間：全天
價格：免費

收服在盤裡的山珍海味

岩見澤日本原創料理
時尚用餐環境嘗尚青鮮味

口味道地的日本美食在台灣可是一點也不假，文化跟地理位置的方便讓不少源自日本的美味在台灣落腳生根再發揚

岩見澤日本原創料理

MAP P188,C2
地址：大里區東榮路 552 號
電話：(04) 2407-7389
營業時間：11:30~14:00、17:30~22:00
價格：均消 800 元

曾聽來自日本的友人說起，除了日本以外，所有國家中最有機會嘗到家鄉味的地方，就是台灣了。

在台灣，日式料理幾乎無所不在，路邊攤的平價小吃、連鎖的日式豬排定食和速食蓋飯真是樣樣不缺。不但有日本人親自來台開店的，也有台灣料理職人乘著文化和地利之便，親自到日本受訓學藝，學成回台後再育成的師傅所學跟日本幾乎是雷同，其嚴謹的訓練過程中，亦無形將美味精隨傳遞了下來。

台式日本料理還有一個特色，除了站在生魚片吧檯

前、刀功一流的壽司師傅，菜單上的炒物、烤物等各種不同的菜式各有其專責的廚師把關製作，確保端上桌的美味色香味俱全。

岩見澤日本原創料理正是傳承如此一份美味的地方。店裡寬廣時尚感十足的用餐環境，與一般狹小緊密的日本料理店大相逕庭，氣氛時尚的燈光甚至有讓人踏進夜店的錯覺。主人不但對漁獲產季如數家珍，甚至行有餘力，還會親自下海捕撈珍貴的漁獲。廚房裡還有佔據諾大一角的專業海水水族缸，滿足喜歡日式料理的饕客每一張講究新鮮度的嘴。

店裡的生魚片拼盤不只用料新鮮、刀工細膩，擺盤也極盡視覺享受之能事，時令漁獲的挑選和入口的順序也會貼心的講解叮嚀，熱炒跟串燒、炸物的口味亦是一絕，適切的鑊氣將食材的每一份鮮美逼出淋漓至盡，入口的，不僅滋味層次融合，更是滿足心底對美食的期待。

1

2

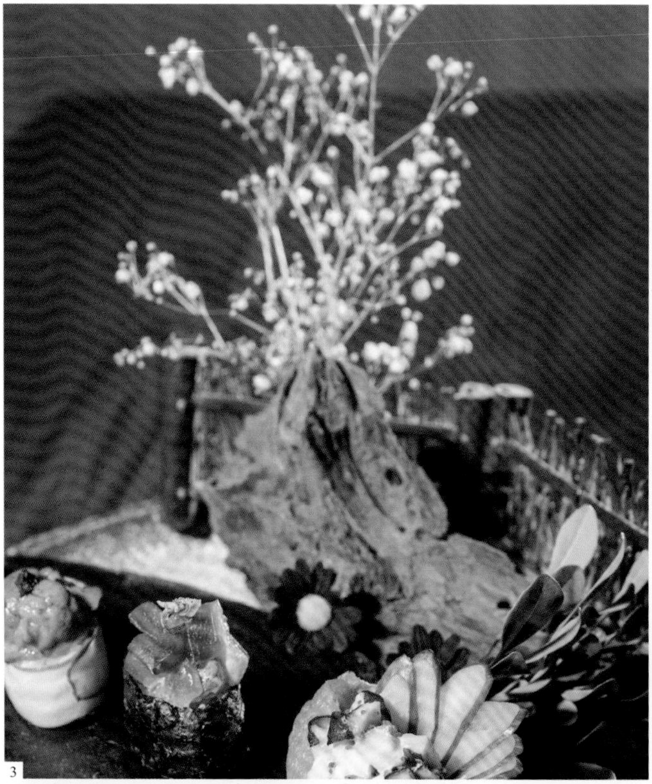
3

4

5

1. 吧台的師傅專注認真帥勁十足。2. 寬敞的用餐空間。3. 每道菜擺盤都像是藝品展示賞心悅目。4. 食材用料上乘講究，手熟捻。5. 熟食調理亦是爐火純青！

2

1

光復新村

光復新村是國民政府轉進來台灣之後的「天下第一鎮」，亦是台灣最大的造鎮群落「中興新村」的前置範本

INFO MAP P188,C4
地址：台中市霧峰區中正路至和平路
營業時間：全天開放

光復新村位在台中市霧峰區，早期中華民國政府轉進台灣後，制定了「疏遷計畫」，就是避免重要政府機關在遭遇戰爭時因集中在同一地方而在同一時間被破壞的計畫，所以除了中央政府在北部之外，台灣省政府則是設置在台中。計劃規模龐大，還包括了員工宿舍，如此時代背景下，1956年建設的光復新村，是二戰後台灣的第一個新市鎮。也是台灣地區第一個導入「花園城市」設計概念的新造鎮地區。

光復新村可以視為南投

「中興新村」的前導設計，麻雀雖小五臟俱全。曾經是400多戶人家的居所。

1999年921地震發生時，霧峰地區為重災區，光復新村自然是無法倖免於難，村內的學校光復國中全毀，地貌改變，除了居民大量傷亡之外，倖存者亦開始遷出。2005年政府開始對村內僅存的住戶頒布限期搬遷的指令，至此，光復新村第一次由歷史的舞台褪下任務，開始沉寂。

但一個曾經是蘊含眾人美好成長記憶跟美好的地方，說甚麼都不會如此被輕易的淡忘。2012年在各界人士努力奔走請願下，成了第一個被台中市政府文化局指定為文化景觀的地區。現在光復新村內特色小店林立，每逢假日人潮川流，以另一個全新的面貌，重回世人焦點。

6

3

4

1. 重新修復、整頓後的光復新村，延續了歷史迎來新生。2.4. 不像熱鬧街道，眷村裡的車輛不多，很適合騎著單車漫遊，享受綠蔭下微風撫過的輕鬆快意。3. 每排屋舍的格局不盡相同，二層樓的房子，二樓的樓梯是搭在戶外的，讓一二樓分別成為獨立的空間。5. 在巷弄間的紅磚圍牆上掛著從前眷村的老照片，訴說者屬於這裡曾經發生的故事。6. 眷村的庭院放著國小的課桌椅，牆上掛著是小朋友們的繪畫作品，嚴然是一個戶外的展示空間。7. 利用廢木做成的造型椅子。

7

5

位於霧峰光復新村的中正路、和平路、信義路及民族路和民權路這範圍附近，整修過的眷村老房舍，一間屋子裡進駐了二家或二位不同的店家、藝術家，每進一棟屋子就是一項新探險，屋前的廣大的庭園亦是露天式的展覽活動區。

光復新村個性小店大探索

眷村巷弄間來趟輕旅行

光復新村成為年輕人創業築夢的基地，這些快被人遺忘的舊建物也得以再生，原本被遺留在歲月裡的房子總算有了新的靈魂。

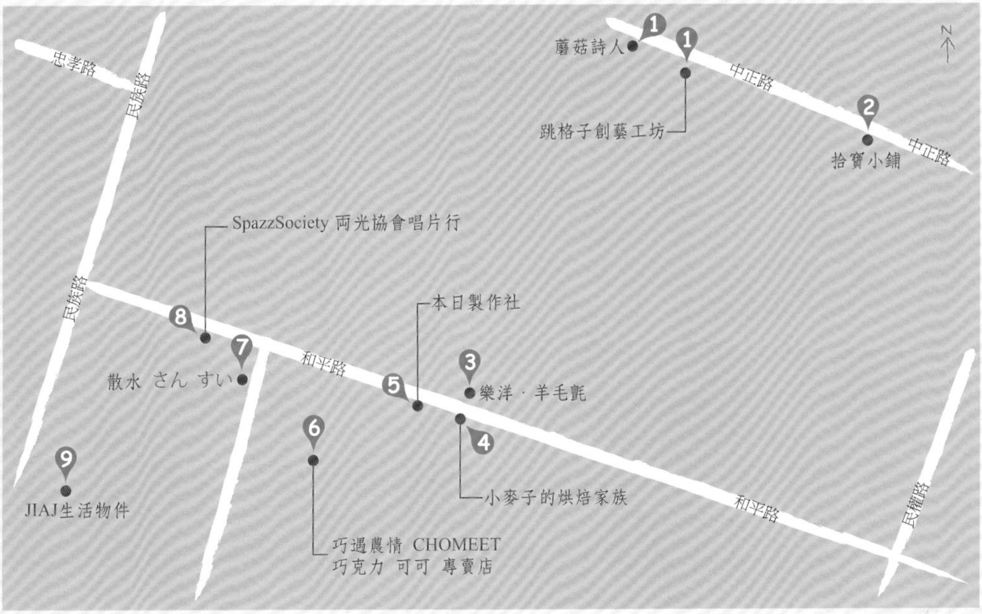

must eat

最原始的可可豆品嘗

一般市面上或是食品原料行買到的，都是已調味或是已精粹處理過的。品嘗未去殼的可可豆，吃起來苦味強烈，不過單獨咀嚼可可豆，能充足品嘗到可可獨有的風味。

must play

享受手作的成就感

喜歡用戳針針扎扎樂，還是用水搓搓樂？這裡的體驗課程一應俱全，快來親自手作的可愛羊毛氈小物，專業指導成功率百分百。

must buy

文具控一定要看

這裡有古早 SKB 原子筆、國小時用的折疊小刀、圓規等，還有許多日本帶回來的老文具。讓我們再重新帶回這些陪伴著我們成長的歲月的文具。

1 跳格子創藝工坊&蘑菇詩人

編織、插畫、手作皮革的創作寶庫

空間裡擺設的物品為二位創作家的作品，皮革部份是蘑菇詩人的作品，其餘插畫、編織小物等則是跳格子創藝。

INFO

MAP P188,B3

地址：台中市霧峰區中正路 32 號 (光復新村)
電話：FB 私訊連絡
營業時間：時間不定，以 FB 公告為主。
價格：乾燥果實均消 20~80 元

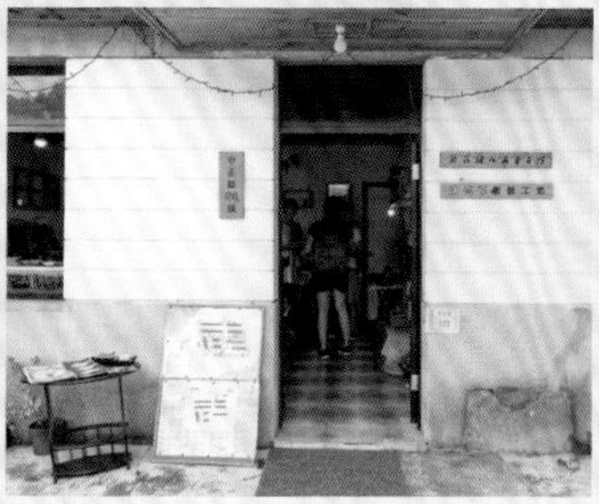

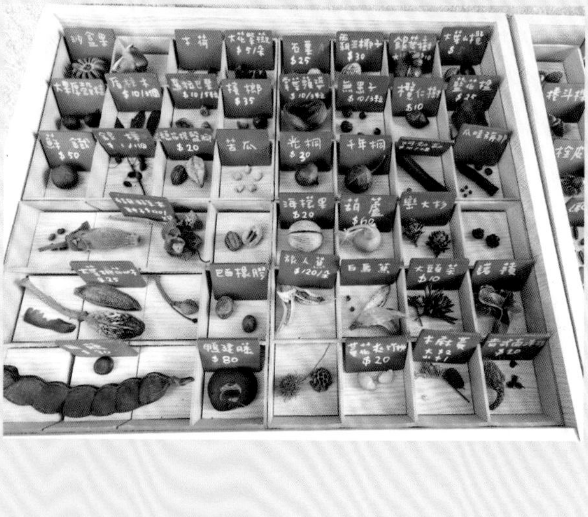

2 拾寶小鋪

珍惜來自大地的寶物

喜歡自然果實的森林系朋友，就一定不能錯過的小店。女主人多年來收集、處理過的果實都在此和人一同分享，當然利用果實創作的各種裝飾小物一定不會少。若想要體驗 DIY 手作，也能透過事先預約來此體驗發揮想像做出屬於自己風格的果實小物。

INFO

MAP P188,B3

地址：台中市霧峰區中正路 26 號 (光復新村)
跳格子電話：0982-896639
營業時間：(跳格子)11:00~17:00，週二、三休；(蘑菇詩人)11:00~17:30，週一、二休
價格：(跳格子) 編織系列書籤比基尼 150 元 (蘑菇詩人) 手作皮革鑰匙圈 380 元

3 樂洋 羊毛氈

感受羊毛手作的溫暖質感

延續課程精神，開發療癒感十足的材料包，販售各式羊毛氈材料，提供多元資訊帶給人更多幸福感。

INFO MAP P188,A4

地址：台中市霧峰區中正路 9 號 (光復新村)
電話：FB 私訊連絡
營業時間：11:00 ~18:00，週一、二休
價格：材料包約 320~390 元

5 本日製作社

台灣獨立出版小書來這找

主要以彙集台灣獨立出版的刊物，極積和國外獨立書店做交流及策劃各種活動展出，更有許多早期的文具販售。

INFO MAP P188,A4

地址：台中市霧峰區和平路 6 號 (光復新村)
電話：FB 私訊連絡
營業時間：五、六、日 13:00~17:00
價格：依現場價格決定

4 小麥子的烘焙家族

品嘗食材純粹與美味

每週日會用台灣在地小農自己種的小麥、自己磨的麵粉，烘焙歐式麵包。

INFO MAP P188,A4

地址：台中市霧峰區中正路 9 號 (光復新村)
電話：0977-357658
營業時間：12:30~18:00，週三、四休
價格：藍莓麵包 60 元

7 散水 さん すい
分享收集老物的聊天室

喜歡收集老物的主人，善於利用老物件營造出復古有味道的空間氛圍，歡迎同樣愛老物件的朋友，一起喝杯咖啡吃個手作甜心，彼此交流。

INFO MAP P188,A4

地址：台中市台中市霧峰區和平路 4 號 (光復新村)
電話：FB 私訊連絡
營業時間：以 FB 公告為主
價格：咖啡氣泡水 100 元、檸檬磅蛋糕 80 元

6 巧遇農情
世界巧克力這裡都有

一群以推廣台灣的可可豆為理念的年輕人，從台東北上至此和更多人分享可可的幸福美味。

INFO MAP P188,A4

地址：台中市台中市霧峰區和平路 2-4 號 (光復新村)
電話：0928-922242
營業時間：13:00~18:00，六日 10:00~18:00，
價格：帶殼可可豆 100 元 /50g

9 JIAJ 生活物件
體驗金工的無限魅力

空間內展示著各種多媒體的金工作品，有對金工有興趣者，也能報名體驗課程。

INFO MAP P188,A4

地址：台中市霧峰區民族路 6 號 (光復新村)
電話：FB 私訊連絡
營業時間：平日 10:00~18:00，六日 10:00~19:00，週二、三休
價格：手作錫製大筒狀茶倉 5000 元

8 SpazzSociety 兩光協會唱片行
各種典藏黑膠快來尋寶

兩光協會唱片行是以販售各式黑膠唱片為主的工作室，西洋的經典老歌到華語唱片都有，若家裡沒唱片機也別擔心，另有光碟版可選擇。

INFO MAP P188,A4

地址：台中市台中市霧峰區和平路 4 號 (光復新村)
電話：FB 私訊連絡
營業時間：週三、四、六、日 14:00~19:00，(不定期休，可私訊預約)
價格：黑膠唱片 600~2000 元不等，依經典度、收藏度決定

九二一地震公園教育園區

大自然的運作不受一切影響，但可以經由歷史痕跡引以為戒，學習如何謙卑的面對自然。

INFO MAP P188,C4

地址：臺中市霧峰區坑口里中正路 46 號

電話：(04)2339-0906

營業時間：09:00~17:00，週一休

價格：全票 50 元

九二一大地震時，位處斷層帶正上方的霧峰光復國中首當其衝，在地震摧枯拉朽之下地貌完全改變，所幸地震發生當下為深夜時分，否則後果難以想像。校園內人造建物完全毀損不堪使用，原本在上課時間充滿孩童歡笑和朗朗讀書聲的地方，成了廢墟一片。九二一地震教育園區就設立在光復國中的遺址上，館區建設的方式相當特別，完全沿著斷層設計展區動線，地震後留下的遺跡和隆起的斷層土壤層則是分毫不動的保留下來，直接作為展覽的內容。

光復新村中有光復國小及

光復國中兩級學校，光復國小受損狀況輕微，但光復國中因處於斷層帶上，遭受地震摧毀嚴重，加上鄰近的光復新村人口流失，重建意義性薄弱，但卻因為完整呈現地震天災摧枯拉朽的慘烈，因此在2001年時設立為921地震教育園區，2004年9月21日921天災發生五周年時，全區建置完成，對大眾開放。

園區內的車籠埔斷層保存館，建物完全沒有樑與柱的設計，以圓弧形的方式將斷層包覆在館區內，原本學校操場上的斷層裂縫，像是被建物縫合起來一般，或許，這正是人順應自然致力而為的另一表徵。園區內的校舍遺跡僅做結構上的安全補強，完全保留地震發生當下非人為可成的力量無情，校園大門口原本提醒著學生們上課時間的鐘，自此停留在地震發生的時間，時光膠囊一般的，見證當時的時空。

6

3

4

7

5

1.2. 一九九九年九月二十一日清晨1時47分，台灣中部發生芮氏規模7.3的強烈地震，造成近百年來傷亡及財物損失最為嚴重重之一。3. 園區內的互動學習區。4. 遠眺因地震造成地形改變的跑道。.5.6. 在車籠埔斷層保存館內，設置許多關於地震源起的自然科學知識。7. 保留當時地震造成土地隆起樣貌，指出這就是車籠埔斷層的位置。

熊與貓咖啡書房

書香與咖啡香的完美結合

MAP P188,C4

地址：台中市霧峰區蘭生街 43 號 1 樓

電話：(04) 2330-4049

營業時間：週四～日 12:00~20:00

價格：咖啡品項 100 元起

熊與貓咖啡書房以「一家書店，就是一座圖書館」為號召，發起「熊愛讀冊」社區閱讀網絡，連結店家跟社團，於各處社區空間擺設公共書架，每隔一段時間巡視更換讀物，以書房為中心，向外擴張網路，於社區內深化推廣閱讀的美好。

2

1

1. 一樓的藏書有時可以找到作者簽名的珍本。2. 提供自製點心及手沖咖啡。3. 二樓舒適的閱讀空間。4. 回到故鄉希望以己身帶動社區藝文復興的主人夫妻。5. 騎樓也是活動舉行的場地之一。

5

4

3

店門口還設置有捐書箱，不設限的募集更多優良書籍，讓閱讀的互動氛圍，醞釀發散。

與其說是一家結合咖啡跟好書的書店，解讀熊與貓咖啡書房是一個「人文走廊」或許更貼切。

店裡的咖啡皆是精挑細選的精品咖啡，加上豐富的藏書，這裡可是個挑了一本書、點上一杯咖啡坐下來，屁股就似是不自覺長根般的讓人離不開這充滿書香、咖啡香的好地方。店裡兩層樓空間，二樓藏書只供借閱不販售，一樓的藏書緣分對上了就可以買走，不少時候還會挖到作者簽名的寶貝，說是愛閱之士的藏寶閣絕不為過。一樓空間因為藏書層次豐富，空間滿盈，但主人還是用盡思的設置了需要大量空間的無障礙廁所，貼心，卻是安靜溫暖。喜歡一個人靜靜閱讀的人只要點上一杯咖啡，便能自在使用二樓的座位區，一樓，則是相當有趣的地方，主人調皮的只留了張能坐人的桌子，促使一樓共桌的人們不自覺的分享起思維流星燦爛，社區文藝復興，自此而始。

西屯

5件來這裡必做的事

1 不只是一間咖啡店
人文薈萃的交流大廳

默契咖啡是相當適合安靜閱讀跟書寫的地方，開放式的中島吧台，圍繞的是可自由移動的座位。但對不少台中人來說，這裡不僅只是一家咖啡店，不定期舉辦的電影分享會跟各種關懷當下社會議題的講座，這裡，其實更像是一處思維交流激盪的人文沙龍。

INFO

默契咖啡 MAP P189,B4

地址：台中市西屯區台灣大道二段 902 號
電話：(04)2313-4597
營業時間：10:00~23:00
價格：均消 150 元

2 深藏大樓間的生態綠地
小小綠空間展城市新風貌

原地因工程延宕、政策轉變而荒廢的水窪地，在 2010 年動土二年後完工，一個兼具生態；、景觀、滯洪、排水與調節空氣品質等功能的綠色空間，就在大樓林立圍繞下讓民眾多了一個享受愜意悠閒散步的好去處。白天可見孩童在綠地上奔跑，走在水上木枕道上可見到生態湖裡的小動物；夜晚依在柳樹下，欣賞湖面倒映著都市中大樓的燈火，燈光上下一天的景致是屬於都市的另一迷人面貌。

INFO

秋紅谷景觀生態公園 MAP P189,B4

地址：台中市西屯區市政北七路河南路口
電話：(04)22289111(台中觀見旅遊局)
營業時間：全天
價格：免費

5 MIT 的品牌驕傲

了解台灣「鞋」文化

位於西屯工業區內的鞋寶，是由財團法人鞋類暨運動休閒科技研發中心（簡稱鞋技中心）所設立，以台灣傳統製鞋產業為主軸，融合高科技創新設計與研發技術，打造一個兼具休閒及教育的鞋子觀光工廠。

在這裡可了解一雙鞋子從無到有的製程，也可見到特殊鞋如最大高跟鞋、最大運動鞋的展示。鞋技中心還有承接國內外各鞋廠的客製化研發訂單，說是製鞋研發重鎮一點也不為過。

INFO

鞋寶觀光工廠 MAP P189,A4

地址：台中市西屯區工業區八路 11 號
電話：(04)2350-5773
營業時間：09:00~17:00，每月最後一個禮拜二休館
價格：全票 100 元、優待票 50 元

4 都會裡的森林公園

白天運動夜晚賞景

位於台中市大肚山臺地上的都會公園，是繼高雄都會公園之後完成的第 2 座都會區大型綠地公園。地處稜線上極接近台地的最高點，視野開闊，景觀壯麗。從東側眺望，可俯瞰台中盆地，西側則可遠眺臺灣海峽。

公園裡的佔地非常大，白天常常會有許多人來這騎單車、運動、跳舞，在廣場的地面上還有標示交際舞的舞步，跟著邁步自己就可跳起來。夜晚更是欣賞台中盆地的都會燈光銀河，氣氛浪漫常有許多人來此談心、賞夜景。

INFO

臺中都會公園 MAP P189,A3

地址：台中市西屯區都會園路 1215 巷 140 號
電話：(04)2461-2483
營業時間：
室內管理服務中心、展示室、視聽室：09:00~17:00
戶外場地（夜間開放區域）：06:00~21:00
價格：免費

3 台灣第一座私立大學

感受學府的文學氛圍

東海大學是一所基督教背景的大學，除了是台灣第一座私立大學外，其盛名遠播就屬由建築師貝聿銘設計的「路思義教堂」莫屬，教堂由四片面組合，具有弧形線條的風帆屋頂，於屋脊分開，構成一線形天窗。外觀宛若禱告的雙手，靜靜地為莘莘學子祈福。

在充滿綠意的東海大學裡，走在文理大道上欣賞二側風格不同古樸的教室，像是走入時光遂道中，隨意找片草地地下享受陽光、蟬鳴及鳥叫的自然賜予，生活也可以這樣簡單悠閒。

INFO

東海大學 MAP P189,A4

地址：台中市西屯區台灣大道四段 1727 號
電話：(04)2359-0121
營業時間：08:30~11:30、14:00~16:30
價格：免費

最新最流行的街邊小吃

逢甲夜市
跟著排隊人龍找尋新美味

逢甲大學旁的夜市群落龐大，名聲貫耳，像是各式新奇小吃界的伸展台，當然，喜歡經典台灣小吃的朋友也別擔心，這裡可是樣樣齊全！

逢甲旗鑑專區
主題夜市

MAP P189,B4
地址：台中市西屯區文華路 69 號
營業時間：平日 16:00~12:30，假日 15:00~01:30

對於喜歡尋覓新奇街頭小吃的人們，逢甲大學周邊的夜市商圈可像是朝聖的地方一般，一生中必定得造訪個一次，外國看的到的街頭小吃，會融合在地化元素，在很短的時間內以精采的面貌出現在逢甲夜市裡。像是發跡於此的章魚小丸子，不但風味與日本廟會必有的小吃章魚燒神似，更添了台灣在地的在地美食元素。商圈內店家競爭激烈，在市場嚴苛考驗下，時常新血更替，每一次造訪，總會在街頭轉角找到新風味。

逢甲夜市腹地龐大，

每一間攤商在一天之內全品嘗過，對絕大部分的人是有技術上的困難的。再者，攤商眾多，更換率又快，要找到詳盡介紹每一家小吃的資訊也不容易。闖蕩逢甲夜市尋覓小吃的心法就是：經典店家除非沒吃過，最好把胃袋空間留給新店家，遇到排隊人龍長，如果看著很棒，看起來不錯，再加上店家手腳俐落，跟著排隊一定錯不了。

如果不是喜好滿足口腹之慾也沒關係，逢甲夜市商圈的時尚風潮可是跟世界同步，只要是穿戴身上的東西這裡應有盡有，來這裡逛上一圈，保證關於流行的觸角可以立馬更新且延伸更綿密。店家眾多且競爭激烈，可別忘了貨比三家也是逛街的樂趣之一喔！

1. 平價又好吃的滷味小吃隨意拿，回家配酒配電影都很。2. 現場炙燒的牛小排，簡單以鹽及胡椒調味，用大火快速把鮮甜美味封住。3. 利用各種水果組合成的五彩繽紛糖葫蘆，看了就令人食指大動。4. 新奇有趣的液態氮餅乾，體驗邊吃冰凍餅乾邊吐煙霧的新吃法。5. 不論平日或假日，人潮總是滿滿的逢甲商圈。

Recycle leather craft 皮件

簡約形制源於實在功能

23 歲就開始接觸皮件的 Remi，認真地以十年歲月洗鍊自己的手藝，從跑市集開始試水溫、經營網路平台、周遊各地授課直到今年成立一家實體店面。喜歡簡單的個性完全能在她的作品上感受到，以「折疊」的方式運用最少的縫合為出發點，設計出各式極簡的皮件作品。

在這些年裡累積的作品也達到一個驚人的數量，人生的歷練及生活感受的累積，讓她的作品有了成長與調整，從年輕張揚時期喜以五金作搭配的設計，到現在以回歸材質最原始的美，以更加恬靜的角度詮釋皮革陪伴生活的溫度及質感，技法細節亦是更加匠心獨韻。

INFO MAP P189,B4
地址：台北市四維路 76 巷 7 號
電話：(02)2707-0020
營業時間：14:00~21:00，週二公休

推薦理由：
為生活必備多一層質感

The world of good

極簡個性風，有溫度的好設計

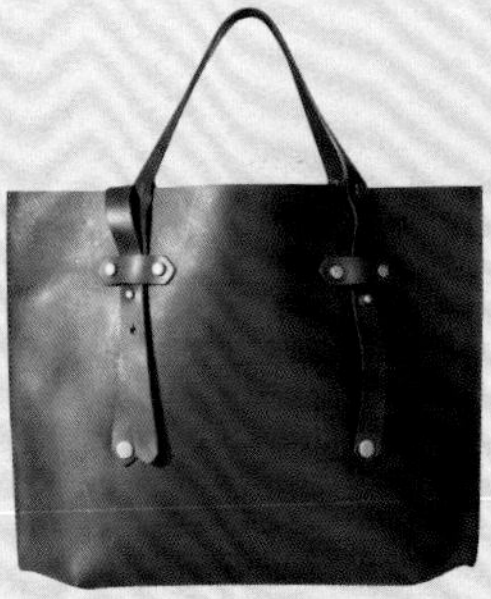

拖特包

〉外出一包就搞定

以一整片皮革折疊在二邊縫合就是一個簡單的袋子，在袋底二側加上縫合線就可塑出包包的厚度。原先設計是以後斜背為主，經市場的反應改成手提為主斜背為輔，不論手提的提把或是斜背的背帶都可拆卸下來。

價格：7500 元

極簡短夾

〉最單純的簡約皮夾

為八年前第一件作品，以一整片 T 字型的皮革，以折疊的方式隔出該短夾的功能，為了能表現外觀沒有縫線，在縫合及收線有一定的難度，這也算是 Remi 目前極簡的最佳設計。

價格：2200 元

特色五金合圓筒包

〉出門簡單就好

此為早期的作品之一，當時的設計很多的靈感來自於單車，因此上頭會有一些五金零件搭配。很多人喜觀以輕裝出門，專為這些人所設計，可以把手機、皮夾、鑰匙集中，再也不用拿在手上或插在口袋。

價格：3800 元

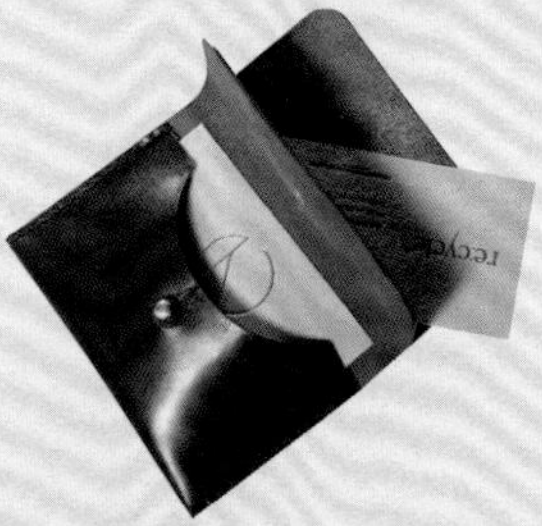

雙層名片夾

〉有來有往日後好連絡

雙層設計的名片夾，輕巧不佔空間，在給人名片後即可把收到的名片放置另一夾層，再也不用擔心把收到的名片遺失。也可以當成零錢包，前層放置零錢，後一層可放紙鈔或是信用卡。

價格：1180 元

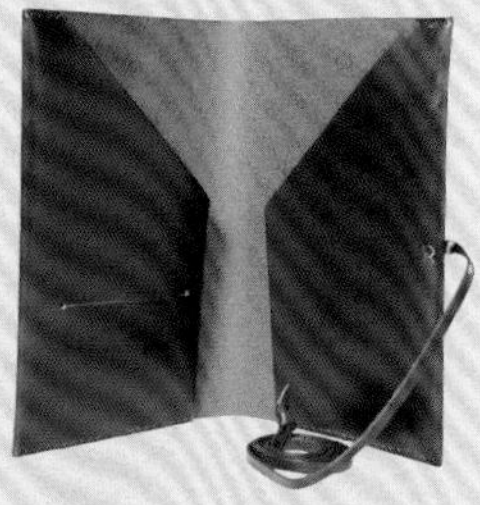

旅行錦囊

〉旅人記事好幫手

利用整塊皮革不做任何切割，從二側折入產生的「L」型空間做為收納護照、名片、信用卡、旅遊札記本等，藝術家更可以用此來收納鉛筆等素寫工具。用一條皮繩以捆綁式的方式固定，越簡單的設計越容易發揮使用者獨有的創意及想像力。

價格：1880

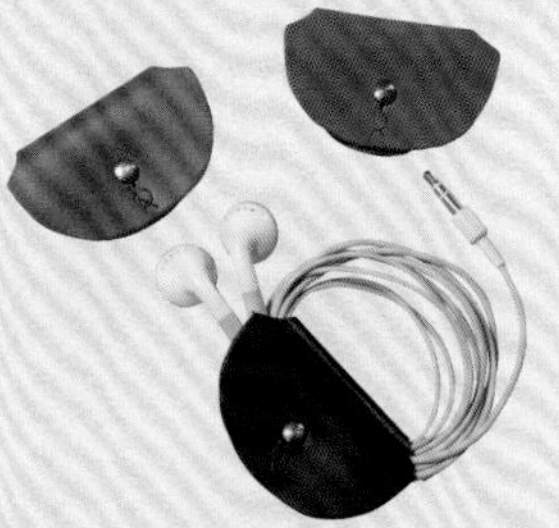

蛋形集線器

〉收線小物大功勞

利用邊料的皮革，簡單地裁圓收邊加上五金扣，就一個收線的小工具，收耳機線或是家中各線材的整理都很實用。

價格：180 元

路過不能錯過

特色咖啡店
歡迎一起喝咖啡聊是非

喜歡在咖啡店裡享受一個人的悠閒時光，或是和同樣嗜好的陌生人結交朋友，還是彼此分享對這社會和世界的理念和關懷，這些都是在這小小空間裡所會發生的，每天以一杯咖啡的時間和自己對話和社會對話。

The food of good

五感大滿足

生活韻味就要好咖啡

窩柢咖啡咖啡

喝一杯咖啡享受靜謐時光

在圍繞百年老榕樹的教師新村裡，享受老村建築的美。

空間裡古早味十足的老家俱，勾起了童年嬤嬤家的記憶。

午後時分，在老屋裡靜靜地享用最愛的咖啡下午，沉澱思緒、平靜心靈。

INFO MAP P189,B4

地址：台中市西屯區杏林路 27 號
電話：(04)2708-6808
營業時間：11:00~21:00，週一休
價格：單品咖啡 100~120 元

toward cafe 途兒咖啡

單車友善的鐵皮屋咖啡

大片草地及單車停放架，備有自助簡單修車工具，是單車族的中途休息

二樓空間，二側有玻璃令空間採光良好不昏暗，還可欣賞外頭景緻。

可自由選擇配料的普切達，簡單的調味不會造成身體的負擔。

INFO MAP P189,B4

地址：台中市玉門路 368-2 號
電話：(04)2461-3769
營業時間：12:00~22:00，週六、日 10:00~22:00
價格：義大利普切塔 220 元、冰美式 90 元

默契咖啡

文藝交流的自由大廳

文藝青年聚集、交流的場所，這裡總能瞧見思想激盪產生火花。

採開放中島式的吧台，座位就環繞在吧台旁。

在默契空間裡咖啡香刺激思緒活躍、簡單甜點愜意滿足，讓人更有活力。

INFO MAP P189,A4

地址：台中市台灣大道二段 902 號
電話：(04)2313-4597
營業時間：10:00~23:00
價格：均消 150 元

一起感受手作趣

來去中科手作市集挖寶

近年來市集文化盛行，幾乎每個月都有市集舉辦，但每每都會不小心錯過挖寶的機會，因為地點、時間通常都無法固定，對這些愛淘寶的人來說真不是個好消息。

現在，每逢六、日在固定的開放空間及時間，只看老天決定是否舉辦的中科手作市集，讓手創家有了較輕鬆的對外機會，也讓許多民眾認識更多高品質的創作品，假日在也不再擔心找不到地方挖寶了。

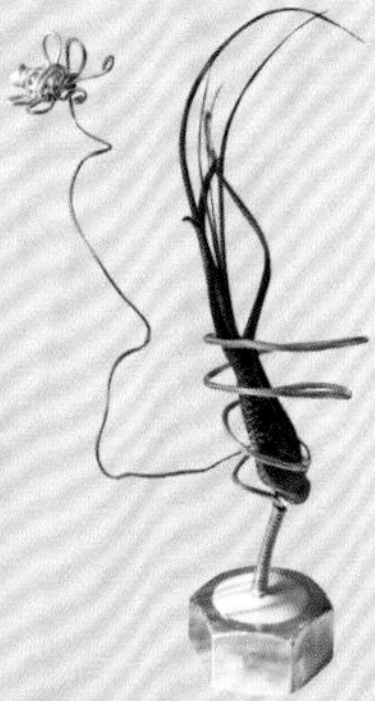

B

▲ 空氣鳳梨架

點單繞出空氣鳳梨的家

對通風要求很高的空氣鳳梨，最好的放置的方式就是掛在鐵網上，利用鋁線把它也能放在桌上。(NT300)

A

▲ 布縫面紙盒套

面紙也要很可愛

以雙層縫的方式讓布更為立體，簡單用五金扣讓換面紙更輕鬆。(NT400)

A

▲ 粽子零錢包

三角空間容量大

利用拚布的方式顯得多變，立體空間容量方便找零錢若放小物。(NT250)

C

▲ 彩練皮製束口袋

為簡單的袋子多點個性

簡單的線條利用顏色漸層的變化，讓彩繪的圖案顯得顏色豐富。也可請攤主繪製不同風格的圖案哦！(NT388)

B

▲ 3D 雕塑恐龍擺件

觀察細節才能做得神似

鋁線纏繞進階版，立起時平衡調整及動物肌理線條皆是重點。(NT980)

中科手作市集 MAP P189,A4
地址：台中市西屯區西屯路三段 279 號
電話：(04) 2461-7777
營業時間：週六、日 14:00~20:00（遇颱風或大雨暫停）

Ⓒ 豫手繪

為人手繪美麗的圖樣，隨你心意畫在位何你想畫的物品上。

INFO

電話：0921-393125
價格:彩練皮製束口袋 330 元，手繪布製 388 元，彩繪小熊皮製零錢包 388 元。

Ⓑ H% 百分百用手

利用鋁線採 3D 雕塑的技法，繞出可立起來的作品。

INFO

連絡方式：fb 私訊連絡
價格：鋁線 3D 雕塑老鷹擺件 2700 元，恐龍擺件 980 元

Ⓐ 我是，克麗絲

精選日本台灣韓國等布料，縫製的各式布品，若不喜歡成品的樣式及花紋也可

INFO

連絡方式：0958-056911
價格：布縫面紙盒套 400 元、粽子零錢包是 250 元

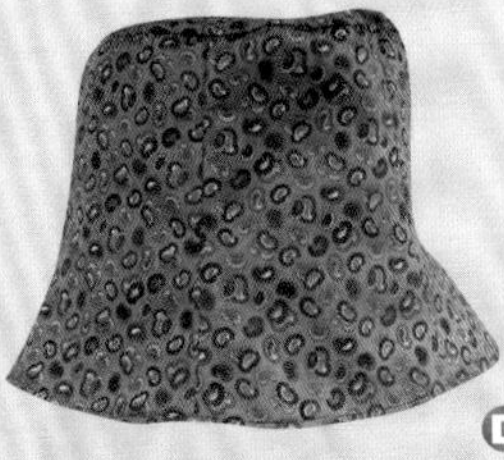

D

D

C

▲ **小尺吋鐘形帽**

頭大頭小再也不是問題

專為頭圍小的人打版設計的帽子，帽子一面為花布圖案、一面為素面可隨衣服做更換搭配。(NT750)

▲ **特製彩虹帽**

打版師自創的功能帽

不歸類於什麼形型的帽款，主人根據需求，把前方的帽沿加寬加大，更有效地阻擋陽光又不礙視線。(NT940)

▲ **彩繪小熊皮製零錢包**

讓皮包多一點可愛元素

精湛的畫功，把絨毛毛的小熊畫在零錢包上。(NT388)

E

◀ **花卉手縫布長夾**

立體壓花好可愛

黃底紅點滾邊，立面花紋還仔細地縫製押線。細密整齊的針腳令人贊嘆！(NT890)

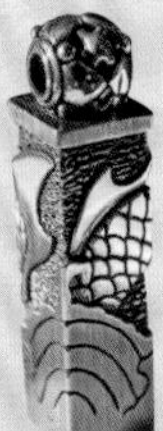

F

F

E

▲ **藏龍印章純銀吊墜**

是裝飾品也是印章

簡約型制刻上龍身的鱗片卻不見其首，像隻藏身雲間的龍。神龍見首不見尾也能做印章用。(NT6980)

▲ **槌打銅湯匙**

現場體驗金工的樂趣

現場設立簡單的體驗課，把剪好形式的銅湯匙讓路人自行槌打出紋路。(NT400)

▲ **可愛貓頭鷹手縫短夾**

髒了不怕水洗就好

可愛的圖案，讓人心情愉悅。白底藍點滾邊風格簡單清新，又不失童趣。(NT690)

F 龍鱗鳳羽

現場就讓你體驗金工製作的魅力，還可至工作室學習銀飾設計。

INFO

連絡方式：fb 私訊連絡

價格：現場體驗銅打湯匙 400 元，立體蘭花銀戒 4980 元，藏龍印章純銀吊墜 6980 元

E 手縫布包

細密、整齊的針角及圖案的押線，都可看出製作者熟練技法。

INFO

連絡方式：0921-582921

價格：可愛貓頭鷹手縫短夾 690 元，花卉手縫布長夾 890 元

D CAP X BAG

找到不適合自己頭型的帽子嗎？來找有豐富服裝製作經驗的打版師為你量

INFO

連絡方式：fb 私訊連絡

價格：和風大圓帽 750 元，特製彩虹帽 940 元，小尺吋鐘形帽 750 元

大雅 潭子 豐原 東勢 后里 神岡

5件來這裡必做的事

1 百年建物歡迎遊賞

在地人與土地的共同記憶

許多歷史文物總是要等到了都市計劃受到影響，才有人重視老建築的重要性，若每個地區的文化資產不被受重視時，幾個年頭之後，這裡還剩下些什麼無法預料。記憶中的風景免不了時間的摧殘，趁著風華健在來這裡走走。

INFO

潭子國小日式校舍 MAP P189,C4

地址：台中市潭子區南門街 1 巷
營業時間：全天開放
價格：免費

潭子農會穀倉 MAP P189,C4

地址：台中市潭子區潭子街二段 81 號
電話：(04)2534-4211

2 老牌早餐經典吃法

百分百香純濃杏仁茶

在隱密的巷子裡是豐原在地人都知曉的老牌早餐店，到這一定要點杯杏仁茶，加入蛋黃到杏仁茶裡再搭配三明治，這就是豐原人早餐的吃法。已傳承到第四代的林家早餐，是在地人從小吃到大的早餐之一，一台燒著炭火的保溫台，店家會把煮好的豆漿、米漿、杏仁茶放入這桶內用炭火保溫著，這是在地人家鄉的回憶。

怕杏仁味的朋友們別擔心，在地老饕教你，點個三合一（豆漿、米漿、杏仁茶）再加個蛋，淡雅自然杏仁味，又能嘗到豆香和蛋的滑順。

INFO

林家早點 MAP P189,A2

地址：台中市豐原區圳寮路 12 號
電話：(04)2529-2912
營業時間：05:00~10:30，六日 05:00~11:00，週一休
價格：杏仁茶 22 元，三合一 18 元，日式三明治 18 元

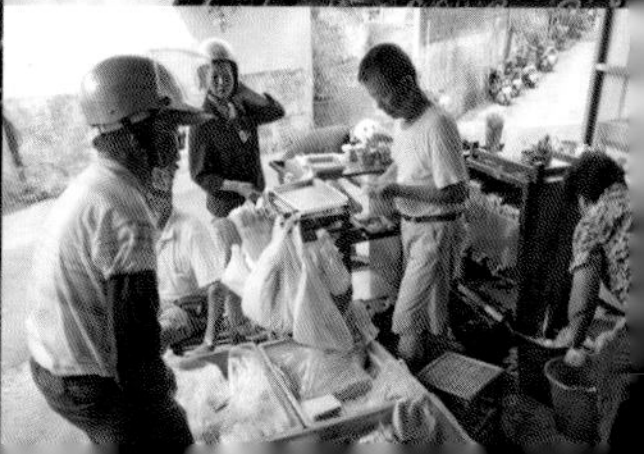

5 舊山線火車道變身自行車道
追風騎單車看時代軌跡

從原來的東勢舊火車站開始，貫穿豐原、石岡、東勢的東勢支線，變為封閉式自行車專道，沿著鐵軌走在歷史的後頭，過去的情景不在，但曾經的存在仍會由後人不斷的傳承下去，永遠留在人們心中。

INFO

東勢客家文化園區 MAP P189,C2

地址：台中市東勢區廣興里中山路 1 號
電話：(04)2588-8634
營業時間：09:00~17:00
價格：免費參觀

后豐鐵馬鐵 MAP P189,B2

地址：台中市后里區豐原區豐原國道四號線高架橋下
電話：(04)25724511
9 號隧道開放時間：夏令時期 06:00~19:00；冬令時期 06:00~18:00

4 尋找廟宇的奇趣現像
新舊合治的媽祖廟

結合了 LED 跑馬燈的氣派慈濟宮是當地人的信仰中心，也是一座年代不可考的老廟，廟裡掛著近三百年歷的御書扁額，因增修補建好幾次，裡面供奉的神祇豐富原始數量驚人，還有全台最完整的十八羅漢像。

在廟宇後面，除了廁所外還藏著一個日式鳥居，被後人加了一個中文匾額變成牌樓，成了另一個新舊建築並存的地方。

廟前，有一對由新萬仁製藥廠所製獻的巨大「銅獅」，聽說全台廟宇只此一家，被信眾祈求吉祥摸得鈴鐺和腳趾都金光閃閃，到此一遊別忘了摸摸銅獅的鈴鐺，討個吉利！

INFO

豐原慈濟宮 MAP P189,C1

地址：台中市豐原區中正路 179 號
電話：(04)2522-3184
營業時間：06:00~23:00

3 必買老字號糕餅店
家傳好滋味一口嘗

豐原雪花齋可是在地人共同的味蕾記憶，不只香滑濃郁的雪花糕名聞遐邇，香氣撩人食慾的鹹蛋糕跟雞蛋捲可是歸鄉遊子或遠嫁外地女兒們返鄉必買的家鄉味。

雪花齋從當年的綠豆椪之父呂水傳承到現在，已經傳到第三代，連包裝一用也用了幾十年，雪花餅是鎮店之寶，即綠豆椪，雪花餅的豆沙又細又綿，在舌尖化開時真的有雪花飄落的感覺！鹹鹹香香的蒜蓉餅造型引人入勝，有點像小型的割包，還有另一個雅緻的名稱叫做髮簪餅。

INFO

雪花齋 MAP P189,B1

地址：台中市豐原區中正路 200 號
電話：(04)2522 2315
營業時間：08:00~22:00
價格：鹹蛋糕 6 入 180 元

2

1

摘星山莊

深藏台中潭子工業區內的摘星山莊，是台灣民宅古蹟規模最為宏大的，甚至有著「十大民宅之首」的稱號，如此精彩豈能錯過。

台灣的古宅像是同在台中的霧峰林家花園，是「官宅」，其型制及規模是在封建制度中當官的人才能興建的。而摘星山莊最早的主人，在清朝廷中雖是受封為將軍職，但此宅的興建是他功成身退後以一介平民身分還鄉頤養天年時興建的，因此是「民宅」。

雖說是民宅，摘星山莊內「無處不雕、無處不書、無處不畫」極盡華麗，也絕非一般商賈走卒得以興建的規模。房舍運用的建材在當時可是費盡心血由大陸福建省運來的，隨處

INFO MAP P189,C4

地址：台中市潭子區潭富路二段 88 號
電話：(04) 2534 3859
營業時間： 09:30~17:00，周二休
價格：園內開放參觀，特展全票 100 元

可見的泉州雕刻彩瓷每一件都是歷史悠久的珍貴物件，被學者譽為湍十大民宅之首果然是當之無愧。

依循中國風水傳統興建的宅第不只建物恢弘，景致也是清幽美好，園區內現在還常駐有因著台中市政府摘星計畫而來的文創工作者。除了文創商品之外，仍在第一線為傳承文化努力的工作者亦是以此地為基地潛心奮鬥。

像是林恬安唸歌館，便是儲見智與妻子林恬安對台灣「唸歌」文化的喜好，堅持傳承在台灣已漸漸沒落的唸歌樂曲，當然現代以唸歌的方式解籤、賣藥已不常見，一方面是媒體傳播的方式改變，另一方面則是需要拜師學藝的技藝光是要找到師範就已是困難重重，好在有這麼一群努力的人，讓特色十足的在地文化得以延續。

6

3

4

7

5

1. 園區內的文創館，有著許多中國民俗文化的文創商品。2.32 公尺半的半月型池塘，池塘與建築物的引水道系統相連的，除了風水之外，又具有防火灌溉用途。3. 主建築物兩邊的廂房，早期隨著人口增加，大戶人家會在主屋二旁增加護龍，讓晚輩居住在外側。4. 台灣特有的文化「唸歌」的唸歌本。5.6. 園內可見展示著早期大戶人家的傢具。7. 門上高掛著進士的扁額，在重新仿製時根據上面鐵釘存的推斷，為清代文物特有。

大雅文藝風潮正當道

有吃有玩有賞一定要來

大雅常會被視為清泉崗空軍基地旁的衛星區域，其實這裡臥虎藏龍，文化底蘊深厚優雅。

小編的私房旅行筆記

好吃好玩的秘訣
在這裡通通
大公開

原本只是出於內心童趣肆虐，運用專業長才製出能運用在小麥田裡驅趕雀鳥的台灣鯉魚旗，意外成了大雅當地特有的風景，想知道跟簡約的日本本尊有何不同嗎？除了豐富多變的魚身外觀，還多了小小的魚鰭喔！而每年三、四月小麥成熟時，大雅地區總會興辦小麥的收穫活動，如果想跟風卻不知道從何開始，來這裡絕對錯不了。在台灣幾近失傳的手工製香工藝，在百年老香鋪不藏私的開放製程導覽後，再興香火，傳統工藝的美好，且莫錯過。富林園洋果子更是在地人大大推薦的下午茶好去處。

金佶布業

童心、玩出新主意

因一次出於好玩的動機做出台灣鯉魚旗作為麥田驅鳥的道具後，創意點子源源不斷，無心插柳卻意外的成了地區特色。

INFO MAP P189,A4

地址：台中市大雅區振興路 22 號
電話：(04)2568-0236
營業時間：08:00~17:00，六日休
價格：鯉魚旗 350 元 / 90cm

麥根小學堂

季節限定的金黃麥浪

每年三、四月為小麥成熟採收季，總是吸引一片人潮前來，這期間常有許多與麥相關的活動總在小學堂處集合、拍照。

INFO MAP P189,B3

地址：台中市大雅區大林路 211 巷 10 號
導覽預約： 0938692810 麥之鄉協會 張理事長
營業時間：每年三、四月

朱慶春香鋪

堅持百年製香傳承

超過一世紀的老店，用料天然、手工製香，為傳遞傳統技藝的可貴，不藏私的接受預約讓大家體會製香的奧秘。

INFO MAP P189,B4

地址：台中市大雅區大雅路 77 號
電話：(04) 2566-1300
營業時間：09:00~23:0
價格：導覽費 100 元 / 人 (20 人以上)，請於 10 天前電話預約

富林園洋果子

路邊城堡裡享受下午時光

微風吹拂，順著自行車小徑道，體會鄉野間純樸之美，探訪鄉村裡的南法鄉村城堡。

INFO MAP P189,A3

地址：台中市大雅區中清路 4 段 340 號
電話：(04)2569-2798
營業時間：10:00~19:00
價格：手工圓罐系列 110 元 / 罐

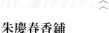

小編的私房旅行筆記

好吃好玩的秘訣
在這裡通通
大公開

當地信仰中心寶興宮，不只是宗教的集合地，也是社區舉辦活動時的場地，經過別忘了來瞧瞧，季節對了黃金麥浪的景致可是在這裏蹦現眼前。在汝鎏公園旁，溜個滑梯下來就會看到得大家書房則是社區內孩子的閱讀天堂，主人精心挑選的藏書豐富，咖啡香醇，如果你願意，歡迎跟社區內的孩童們一起分享書中奇幻美麗的世界。在潭雅神自行車道上逛累的話，除了車道旁的戰車公園可以暫時休息，當然不能忘的還有布達佩斯冰淇淋，用心挑選食材製成的冰淇淋綻放美麗如玫瑰，清涼又賞心悅目。

5 寶興宮

除了信仰還是村民活動中心

廟前寬闊植有榕樹、洋紫荊小型公園配以涼亭，環境優雅，每當有任何村民活動時都是適合的集聚中心。

INFO MAP P189,B3
地址：台中市大雅區大林路 212 巷 65 號
電話：(04)2567-2524

6 大家書房

孩童課後學習玩耍的好去處

感於社區裡一群默默做事在地耕耘的人士，認為自己也能盡一份力為社區做點事，開設書房幫忙輔導課後孩童。

INFO MAP P189,A3
地址：台中市大雅區信義路 83 號 (汝鎏公園旁)
電話：以 FB 私訊連絡
營業時間：六日 13:00~18:00，平日配合社區活動開放
價格：單品咖啡 70 元

7 潭雅神綠園道入口

假日全家出遊好健康

繼東豐自行車綠廊後，建設的第二條自行車專用道，崇德路自行車專用路橋是全國首座的自行車專用路橋。

INFO MAP P189,C4
地址：台中市潭子區建國路 1 號附近
電話：(04)2515-2575

8 戰車公園

除役戰車的養老地

原屬軍方用地，重新規畫整理後，將原本荒廢的鐵路運輸道路，變成多元功能的美麗公園。

INFO MAP P189,A3
地址：台中市大雅區月祥路 305 號
電話：(04) 2566-3316#300
營業時間：全天
價格：免費

9 布達佩斯冰淇淋

用心綻放的美麗玫瑰冰

堅持利用當季新鮮水果制做不添化學成份的天然冰品，熟練地運用技巧抹出一朵健康又美麗玫瑰冰。

INFO MAP P189,B3
地址：台中市大雅區學府路 390 號
電話：(04)2560-6839
營業時間：11:00~21:00，週一休
價格：熱情百香果玫瑰冰 140 元 (三種口味)

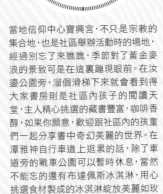

趙家窯工藝坊

小麥之鄉特色作品好吸睛

MAP P189,A3

地址：台中市大雅區大林路 66 巷 12 號

電話：(04)2566-2056

營業時間：09:00~18:00，周六、日休

選擇在自己家鄉大雅製陶的趙勝傑老師，不只深耕家鄉持續創作，還結合大雅素有「台灣小麥之鄉」的在地文化產業特色，研製出融合紅土和麥桿灰的一系列「台灣鐵陶」作品。其中台灣鐵陶創作出的「月華杯」，當杯中盛著茶水，杯中

1. 使用清泉岡的紅土加上麥桿的灰燼燒出類似鐵器金屬質感的鐵陶。2.3. 經典的飄香壺每年僅限量製作一百只，今年已是第六代壺。4.5. 創作來自於生活，趙老師的靈感源自仔細觀察、用心感受大自然的美。

麥稈宛若托著一輪明月，其意境優美且富含在地特色，還被台中市政府選為贈送外賓的禮物。趙老師在分享大雅區的美好及歷史時，桌上用的可是他的新作品，隨心所意的把茶葉放在大茶碗裡，讓茶葉緩緩的舒張開來，盡釋茶葉脈絡裡的每一份甘美。喝的時候輕扶茶杓，依茶葉入碗注水的時間為基礎，濃淡溫涼隨君所好，勺起茶湯入杯中，這種自助式的「碗泡法」，讓客人體驗使用的同時，主人仍可以恬淡嫻雅的和客人話南北聊天地。

著力於生活陶器領域深厚的趙老師，創作豐富，不但是各式陶器大賽的得獎常客，其作品更是在收藏家眼中不可多得的奇珍精品。目前最近的創作「宇宙星雲」，調和紅土、麥桿灰燼再加上貝殼精心燒製，其名雅致，作品視覺感燦爛且意涵無窮。雖然趙老師這幾年來潛心陶器創作，但仍心繫地區特色的發展，雖然在每年的小麥文化季已卸下了推手的任務，但只要地區活動興辦，只要人在台灣，必定是共襄盛舉。

想吃動作要快

廟東夜市 必吃小攤報你知

只要有廟附近就一定餓不到肚子，短短百米內二側全是從攤販裡飄散出的美食香味寮人心弦，行走其間，想要當場滿足饞蟲就得眼明手快屁股大，手腳慢了就只能乖乖排隊等候，或是打包帶走再品嘗了。

豐原廟東菱角酥

一吃就上癮的小惡魔

香酥微甜的麵皮包裹著以軟順口的菱角仁，咀嚼間菱角香衝鼻散發，讓人一吃停不下來。

INFO MAP P189,C1

地址：台中市豐原區中正路 167 巷
營業時間：11:30~00:00
價格：25~100 元

理洪記蚵仔煎

四十年老店

香煎的蛋加上悶到恰恰好的蚵仔蔬菜，蔬菜保有新鮮的清脆口感，吃起來不軟爛。

INFO MAP P189,C1

地址：台中縣豐原市中正路 167 巷 2-4 號
電話：(04) 2528-3388
營業時間：10:30~23:30
價格：蚵仔煎 60 元

豐原清水排骨麵

超人氣必吃第一名

醃製入味的排骨、鹹中帶甘，入口即化的排骨再配上濃郁的湯頭，這就是深藏記憶的傳統統美味。

INFO MAP P189,C1

地址：台中市豐原區中正路 167 巷 2 之 10 號
電話：(04) 2523-3704
營業時間：11:30~00:00
價格：排骨酥麵 90 元

永芳亭

中藥食補也很可口

四神豬腳 Q 軟不膩、皮骨分明，肉粽軟潤而黏，而餛飩更是皮薄肉餡彈牙，再多碗都吃得下。

INFO MAP P189,C1

地址：台中市豐原區中正路 167 巷 2 之 12 號
電話：(04) 2522-3075
營業時間：10:30~11:30
價格：四神豬腳 60 元、肉粽 35 元

金樹鳳梨冰

日本時代的經典老店

傳統糖漬古早味的風梨冰，嘗得到鳳梨的果肉香，加上杏仁露味道不可思議的勾魂。

INFO MAP P189,C1

地址：台中市豐原區中正路 167 巷 2-13 號
電話：(04) 2524-3985
營業時間：10:30~23:30，不定期休
價格：鳳梨冰大 30 元，小 20 元

正老牌豐原肉丸

不油膩的油炸肉丸

中部肉丸傳統的吃法，是先吃皮，吃完後拿起桌上免費清湯加入，把肉和醬料一起喝掉。

INFO MAP P189,C1

地址：台中市豐原區中正路 167 巷 2 之 6 號
電話：(04) 2523-4833
營業時間：09:00~22:00
價格：肉丸 35 元，貢丸湯 20 元

一起動手 DIY

山線觀光工廠 大人小孩都喜歡

台灣中小型企業眾多，在經歷過全球不景氣的時期後，不是停業就是轉行另謀出路，當然也有轉變經營模式，開放工廠迎客供人參觀，保留固有的技術及資源，把相關歷史及知識傳承下去。

The world of good

寓教於樂好有趣

歡迎闔家光臨，一起同樂

張連昌薩克斯風博物館

台灣第一把自製的薩克期風

紀念張連昌先生憑著對音樂的熱愛，製出台灣第一把薩克斯風。

館內收藏了很多世界珍品的薩克風樂器，還有許多名人簽名的薩克風。

初學者在這購買薩克風的話，還有專人會教導基本入門技巧哦。

INFO MAP P189,A1

地址：台中市后里區公安路一段 330-1 號
電話：(04)2557-8989
營業時間：09:00~17:00
價格:平日 50 元，假日 100 元可抵 50 元消費。

台糖月眉觀光糖廠

全台保留最完整的糖廠

日治時期稱為「大甲製糖所」，1909 年由日本人創廠屬日糖株式會社。

園區內還有當時運糖的五分車站，火車頭則是另外做展示。

百年糖廠內可見大型製糖機具，還可看到當時手寫的工作流程告示版。

INFO MAP P189,A1

地址：台中市后里區甲后路 864 號
電話：(04)2556-1100 轉 307
營業時間：08:30~17:30，假日 08:00~17:30
價格：免費

台灣氣球博物館

留下童年那最繽紛的色彩

圖片提供 台灣氣球博物館

以可愛的兔寶寶及大型的氣球貴賓狗造型，代表人們童年的快樂時光。

圖片提供 台灣氣球博物館

園區內的博物館是由 50 年歷史的舊廠房改建而成，展示各種機具。

圖片提供 台灣氣球博物館

不只吹氣球，這裡的 DIY 可以體會親自製作氣球。

INFO MAP P189,A2

地址：台中市神岡區大豐路五段 505 號
電話：(04)2528-4525
營業時間：09:00~17:00(休館日以官網公告)

大甲 清水 大肚 沙鹿 龍井

5件來這裡必做的事

1 百年廟宇遠近馳名

信徒遍地全台

不論是為盛名的繞境活動，或是三百多年廟宇古跡，信徒遍布各地，每年進香活動舉辦時全台信眾齊聚參與，其聲勢浩大連國外媒體也來採訪報導過。經過或路過時，別忘了進來上個香，求個順遂、平安。

INFO

大甲鎮瀾宮

MAP P186,C1

地址：台中市大甲區順天路 158 號
電話：(04)2676-3522
營業時間：03:00~23:00
價格：免費

紫雲巖 MAP P186,B4

地址：台中市清水區大街路 206 號
電話：(04)2623-5500
營業時間：04:00~23:00
價格：免費

2 西海岸賞夕陽美景

大自然永遠是最美的存在

蒼海變桑田，高美濕地就其中一例，從海水浴場變為適合生物繁殖的復雜棲地型態，而鮮少人知的百年老港口也換上新樣貌，由原海巡哨站改建成藍與白帶著希臘風情的建物吸引許多遊客前來拍照。在這二地皆可欣賞到美麗的夕陽景緻。

INFO

高美濕地 MAP P186,C2

地址：台中市清水區高美路
電話：0976-335781
營業時間：全天
價格：免費

麗水漁港 MAP P186,B3

地址：台中市龍井區麗水村三港路 27 之 28 號
營業時間：全天
價格：免費

5 藏在巷子裡的五十年老店

現場製冰給你看

穿梭鄉野田間，農村巷子內的住家，有間做了快一甲子的枝仔冰店，入內一邊是吧台、一邊是製冰的工作區。食材從清洗備料到製冰皆是純手工處理，過程中不加任何的化學添加物，只有新鮮原料、純水和砂糖，除了最受歡迎的冰棒外，店內還兼賣冰砂、茶飲。

店內的老闆一家，熱情好客，只要遠道而來或第一次前來的客人，都會熱心仔細地介紹自家的冰品製作過程，甚至有時還會讓人試喝冰砂，由純果汁製成的冰砂，加上各種茶類就變化成各種水果味的調飲，這方式還真有趣。

INFO

新金發冰店 MAP P186,C4

地址：台中市大肚區沙田路一段 774 巷 55 號
電話：(04)2693-0531
營業時間：07:00~19:00
價格：冰棒每支 10 元

4 學子課業求心安

學業、休息二不落

台鐵在推出「追分 成功」記念車票後，引起一陣子熱潮，日治時期的小小車站進入人們眼簾，來到大肚也別忘了拜訪大肚百年古蹟，俗稱文昌廟的「磺溪書院」，從清朝就是祖先入學啟蒙的學校，日治時期還以書院為國小校舍，從此更是區民心中永遠的母校。

INFO

追分車站 MAP P186,C4

地址：台中市大肚區王田村追分街 13 號
電話：(04)269-3106

磺溪書院 MAP P186,B3

地址：台中市大肚區文昌路 60 號
電話：(04)2699-1105
營業時間：08:00~17:00
價格：免費

3 傳承百年手工好滋味

紅磚、藍天、白麵共構景緻

已有百年的泉和手工麵線，堅持用製麵方式，以手工拉甩、陽光曝曬的方式，名副其實的「看天吃飯」。而接受陽光晒出的麵比起機器製作來得滑順細緻，口感絕佳。

位於廖家古厝一側的製麵工廠，後倚横山，前有五福圳流過，圳前一片綠油的泱稻田，每當曬麵景緻一現，和環境景色共成另人驚豔的美麗景色。只要是風和日麗的好天氣，沿著五福圳自行車道來到古厝前，就能欣賞到充滿古早味的美麗場景。

INFO

泉和製麵廠 MAP P186,B4

地址：台中市清水區中山路 414 號
電話：(04)2623-7446
營業時間：曬麵景象建議在早上十點至下午四點間前往

大甲拜拜嘗餅香

縱貫古今的風光明媚

從明朝就有漢人陸續移墾大甲，因臨海又是附近庄鄰的商業集散地，日治時期更是中部第一商業區，其人物傳説、信仰、庶民風俗等皆有淵源由來。

小編的私房旅行筆記

好吃好玩的秘訣
在這裡通通
大公開

自清朝就已建城的大甲，是南北往來的重要樞紐，區內的大甲鎮瀾宮不只已有百年歷史，每年的進香活動更是世界級的活動。廟前的大振草帽行，販售的正是有名的大甲草帽、草蓆，藺草編織的天然素材加上與時俱進的設計，舒服又時尚。已列為古蹟的文昌祠，見證了大甲鼎盛的學風由古至今，棲身古老客棧的阿聰師芋頭酥隨意館則是老骨架包容著創新美味的心。大甲城的遺跡已不復見，但矗立貞節牌坊處，正是古代大甲城的所在地。

大甲鎮瀾宮

集宗教和藝術的大甲信仰殿堂

在民國六十九年改建成目前的鎮瀾宮，用心保留古物傳承外，更匯集國家大師的作品，使得鎮瀾宮保有許多的藝術精品與文化傳承。

INFO MAP P186,C1

地址：台中市大甲區順天路 158 號
電話：(04) 2676-3522
營業時間： 03:30~23:00
價格：免費

1

大振草帽草蓆行

藺草老手藝編織新意

大甲有名的藺草編織，透氣、排汗等多樣優點，加上老闆自己設計改良款式，讓藺草帽兼具實用及美觀。

INFO MAP P186,C1

地址：台中市大甲區順天路 185 號
電話：(04)2687-2438
營業時間：09:00~17:30
價格：手工大甲藺草草蓆特細 5 尺約 5000 元

2

大甲文昌祠

古今的文武學習場域

清幽的一方地，這裡有日治時代日本老師對大甲學子無私的「愛」，現代更是傳統國術做為傳習技藝的地方。

INFO MAP P186,C1

地址：台中市大甲區文武路 116 號
電話：(04) 2229-0280#516
營業時間：06:00~22:00，初一、十五 05:00~22:00
價格：免費

3

阿聰師芋頭酥隨意館

百年「隨意」客棧再迎客

這間原名為「隨意」的客棧被阿聰師接下來保留其原有建築風貌，檜木屋樑、大門等並延用其舊名，讓這百年客棧再度開門接迎客人。

INFO MAP P186,C1

地址：台中市大甲區文武路 38 號
電話：(04) 2688-3677
營業時間：08:30~21:00
價格：芋頭酥禮盒 9 入 360 元，貢貢香手工餅乾 230 元 / 罐

4

小編的私房旅行筆記

好吃好玩的秘訣
在這裡通通
大公開

位於裕珍馨光明旗艦店二樓的大甲三寶文化館，告訴你大甲才有的核心三寶，至於是哪三寶，來了就知道。離大甲鬧區不過十數分鐘車程的鐵砧山風景區有著述說國姓爺傳奇的劍井和國姓廟，鄭成功跟大甲的淵源來這裡走一遭包你知道。曾是糧倉集散地的日南車站，現在功成身退，成了一個以古懷斯的地標，車班不多的安靜車站，就等著你來打擾他安靜的日常。

日南火車站

濃厚和風的日南驛

為台灣少見的木造車站之一，建築富含許多細微特色，如牛眼窗、四眼方窗及西式木屋架等。

INFO MAP P186,C1
地址：台中市大甲區中山路二段 140 巷 8 號
電話：(04) 2681-6113
開放時間：全天
價格：免費

9

林氏貞孝坊

來聽貞節媽的故事

清朝大安鄉的林春娘因未婚守寡未改嫁教順婆而名揚鄉里，曾三次祈雨皆靈解危，地方感念成為大甲三神之一（媽祖、鄭成功與貞節媽）。

INFO MAP P186,C1
地址：台中市大甲區莊美里順天路 119 號
營業時間：全天
價格：免費

5

8

國姓廟

山上清幽之處

位在向陽坡面上，視野良好可以俯瞰台中市風景、蜿蜒河道，天氣好時還可見到台灣海峽。

INFO MAP P186,C2
地址：台中市大甲區成功路 305 號
電話：(04)2687-4543
價格：免費

鐵帖山劍井

國姓井傳說

鄭成功在鐵砧山駐守時，以佩劍插地而得甘泉，故有劍井之名，旁邊還有于右任先生所題的石碑。

INFO MAP P186,C2
地地址：台中市大甲區成功路 87 號
電話：(04) 2228-9111#58511
營業時間：全天
價格：免費

7

大甲三寶文化館

大甲那三寶，來這讓你知

為裕珍馨光明旗艦店二樓，可供遊客休息外展示大甲著名三寶文化，更不定期展出當地藝術家展覽。

INFO MAP P186,C1
地址：台中市大甲區光明路 67 號 2 樓（歡迎團體預約導覽，撤展期間恕不開放）
電話：(04)2687-0929
開放時間：10:00~17:00
價格：免費

6

當地人都推薦的路邊小吃

大甲蔣公路夜市 美食大公開

除了每年媽祖繞境盛事外，大甲鎮瀾宮香火鼎盛平日參拜人潮依舊不減，人潮成就了附近美食的發展。在當地經營超過 30 年以上的小店、路邊攤絕對不能小看，晚間時刻熱鬧的蔣公路上就有許多在地人都愛的美妙滋味。

A

▲ 粉腸

風味十足的小吃

把豬後腿肉與香料醃過後加入粉漿一起灌至去腥後的豬小腸內，用熱水煮熟後放涼風乾，利用香腸煮過留下來的油煎煮粉腸增添風味。（小份 NT50 大份 NT100）

C

▲ 黑雷神

滿滿巧克力的幸福

柔細沁涼成型像雪球的雪綿冰，包裹濃郁香醇的一層巧可力脆皮，不只清涼，巧克力入口即化的香醇讓口感層次更豐富。(NT60)

B

▲ 芋頭牛奶冰

綿密鬆軟芋香四溢

粗刨剉冰加上大甲特產、口感綿密的檳榔心芋頭，深藏濃郁的芋香中那單純甘美，和清涼的刨冰相得益彰，吃不下飯的夏天來上一碗當正餐是大甲人獨有的夏日小確幸！（NT50）

C 歐香冰品

超過半世的老口碑，第二代接手改良後，依舊受到民眾喜愛。

INFO MAP P186,B1

地址：台中市大甲區蔣公路 207 號

電話：(04) 2687-6851

營業時間：10:00~23:00

價格：歐香綜合冰 45 元

B 阿香芋圓

開業有三十多年的老店，真材實料、冰涼綿密的雪冰是在地人最愛的熟悉滋味。

INFO MAP P186,C1

地址：台中市大甲區蔣公路 113 號（媽祖廟旁）

電話：(04) 2687-2315

價格：芋圓豆花 45 元、芋頭牛奶冰 50 元

A 康家阿媽ㄟ粉腸

位於媽祖廟旁，總是香客路人過路休息的首選點。

INFO MAP P186,C1

地址：台中市大甲區蔣公路和育德路十字路口

電話：0910-597631

營業時間：14:00~23:00，週六、日 10:00~23:00

價格：小份 50 元

http://www.easyrent.com.tw 和運租車

D

◀ 炒牛肉麵

搭配自製酸菜一極棒

彈牙有勁的油麵，拌上特製熬煮一整天的沙茶高湯入鍋大火快炒，牛肉薄片滑嫩有味，時蔬爽脆分量十足，加上特製甜辣酸菜，香濃四溢口味精巧又滿足。(NT80)

▶ 肉圓

嗜辣者別錯過獨門辣椒

嚼感十足的 q 彈圓皮包裹精心醃製肉片和鮮脆筍丁，炊蒸成型後入低溫油鍋保持圓皮 Q 彈，老店風味精緻卻不忘與時俱進，在地人的最愛。(NT30)

E

F

◀ 炸料盤

cp 值超高的路邊炸物

親民的價格跟現點現做的新鮮燙口，薄脆麵皮包裹食材多汁美味，撒上獨家特調粉料誘人吮指回味無窮。(NT25)

F 豐揚炸料担

只要餐車到位，就開始有人排隊，每個品項價格親民，難怪超受歡迎。

INFO MAP P186,C1

地址：台中市大甲區蔣公路 158 號

電話：0922-971508

營業時間：14:30~23:30

價格：雞腿 25 元

E 嘉家樂肉圓

在地已開了四十年多個年頭，店內環境乾淨明亮，用餐環境舒適。

INFO MAP P186,C1

地址：台中市大甲區蔣公路 166 號

電話：(04) 2687-4667

營業時間：11:00~00:00

價格：肉圓 30 元

D 阿原炒牛肉麵

在店三十多年，份量超大，搭配酸菜、辣醬風味一絕。

INFO MAP P186,C1

地址：台中市大甲區蔣公路 153 之 2 號

電話：0932-605888

價格：炒牛肉麵 80 元，豆腐肉湯 20 元

祖傳三代王塔米糕 vs 重口味呷這味阿財米糕

清水米糕風味解析照過來

清水地方的人們特別喜歡米糕，區域裡的店家各有不同時段跟忠心客戶，可謂也各有風情，嗜好香 Q 糯米食品的朋友一定可以在這地方從早吃到晚，保證大飽口福。

1. 跟著人潮點餐就對了。2. 先找個坐位後，再點餐。3. 不論假日、平日人潮一樣多。

除了招牌米糕外再加點滷得入味烏溜溜的滷鴨蛋，就變升級豪華版。使用新鮮頂級的糯米，再加上事先滷過的三層肉和糯米飯一起蒸過，讓肉汁及鹹甜的醬汁充滿被糯米吸收。已滷到入口即化的五花肉，配上現炊軟糯的糯米飯，醬汁融入了每一粒糯米裡，色香味俱全。

應該消費者的需求，慢慢改進米糕的風味，變得較為清爽、不油膩，菜單上多樣化的湯品種類可以供人選擇。

阿財米糕

MAP P186,B4

地址：台中市清水區西寧路 105 號

電話：(04) 2622-9853

營業時間：10:00~18:00，週一休

價格：筒仔米糕 30 元、肉羹湯 30 元

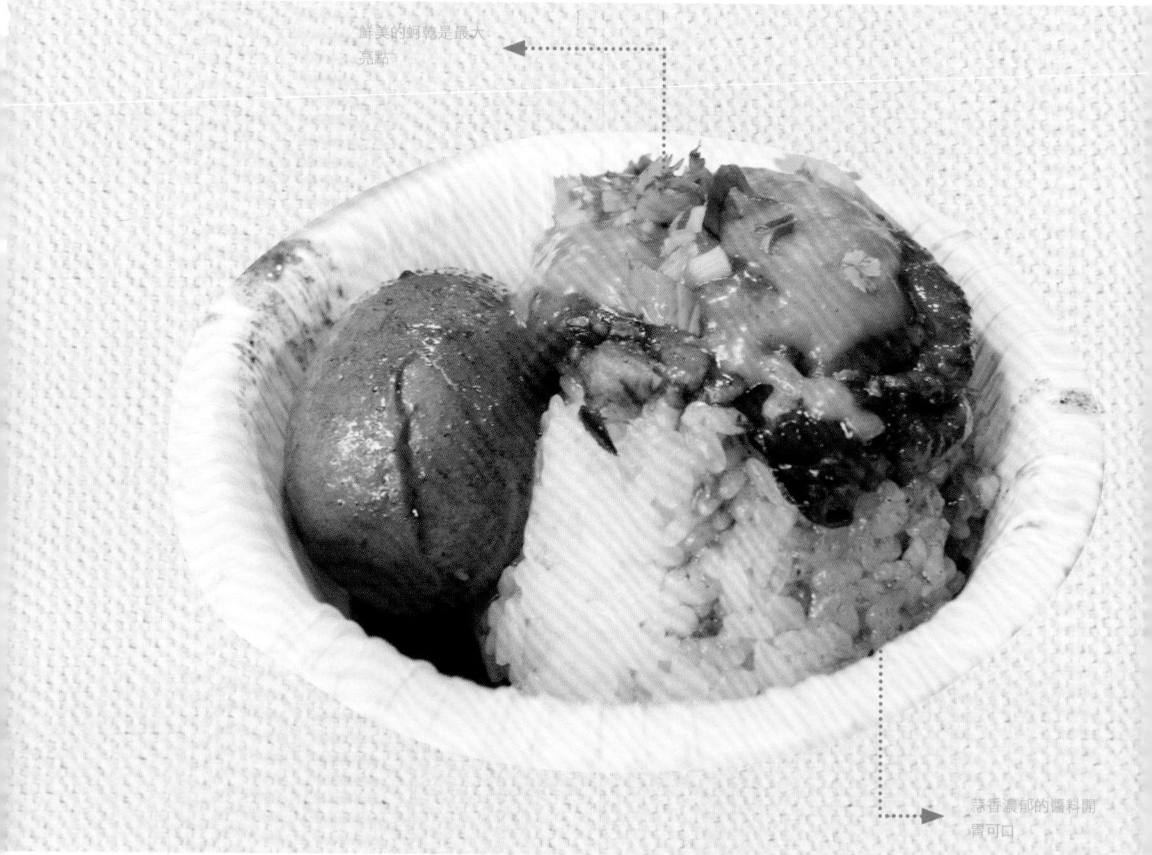

鮮美的蚵乾是最大亮點

蒜香濃郁的醬料開胃可口

王塔米糕

MAP P186,B4
地址：台中市清水區中興街 30-1 號
電話：(04) 2622-3299
營業時間：09:30~20:30
價格：筒仔米糕 30 元、肉羹湯 30 元

民國22年開始，以獨特的美味聲名遠播，當時吸引了一批人前來拜師學藝，至今在這清水小鎮上的米糕店幾乎都是王塔的徒弟分出去開的。王塔米糕的特色在有加入「蚵乾」，利用這高級高貨，在炊煮的過程中提升米糕的香氣，嘗起來更香更好吃，而肥肉也較為大塊且肥美，因應當時為農業社會，做農做工的勞動者比較多，所以口味上就有以炊煮的方式把肥肉的肉汁逼出和 米飯融合一起。這是老一輩海線人吃到大的美妙記憶。

位於台中市西海岸的清水，史前文化是距今約3500年至4000年，屬於新石器時代的牛罵頭文化。清朝慢慢發展成為中部稻米和山產的集散地，日治時期以當地水質清澈甘美為由改名為「清水」。

清水小鎮吃喝玩樂好輕鬆

在地人才知道的故事報你知

清水再也不是只有米糕文化，
歷史人物的傳奇故事和在地的緊密關係、民國初期的眷村社區活化等，
請準備好開始清水深度之旅。

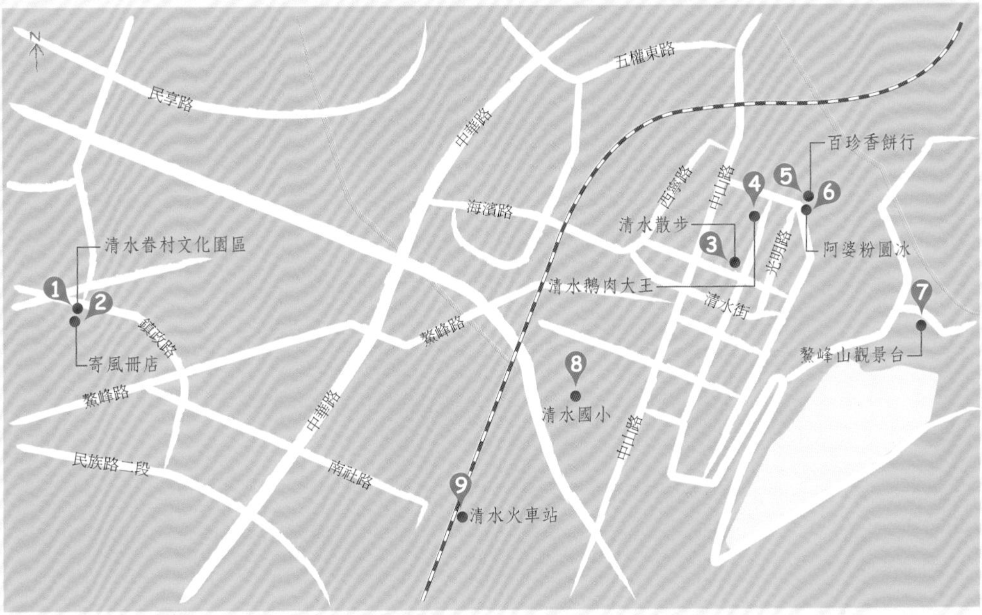

must eat

來碗道地的古早味

晶瑩剔透的琥珀色粉圓，軟Q粉粿以及熬煮到軟硬適中的綠豆，再加上古法熬煮的糖水和粗細不一的碎冰多年來一直沒變的古早滋味，每一口都是記憶裡兒時味道。

must see

信義新村結合在地藝術

整頓開放後巷弄間可見以各種花卉綠化，牆上布置的老照片和鮮麗的彩繪相呼應，原是眷村居民交流的榕樹下，除了原桌椅外更加了多張桌子做為周末市集之用。

must play

喝咖啡聽聽清水小故事

是一家唱片行，店內仍見唱片陳列，另一側則擺放音樂相關書藉，還有許多以清水風景的文創小物、如T恤。喝著店內販售的咖啡飲品，聽著人介紹起清水與廖添丁的故事。

1 清水眷村文化園區

重現老眷村以藝術活化社區

區內建物沒有大興土木只有就地整理巷弄皆保留原始樣貌，以往眷村集會處，總有一株遮天的老榕樹，如週六到訪，樹下有一個「清水小願藝術市集」，相當有趣。

INFO

MAP P186,A4

地址：台中市清水區鎮政路 101 號
電話：(04) 2228-9111
營業時間：10:00~17:00，週一休
價格：免費

2 寄風冊店

保有海線文史、旅遊、文學的地方小書店

常駐園區內的店家僅有「寄風冊店」，隨興自在的經營模式，書店裡多展示跟在地區域相的文本資料。

INFO

MAP P186,A4

地址：台中市清水區中社路信義巷 41 號
電話：(04) 2301-1382
營業時間：10:00~17:00，週一休

3 清水散步

民間版的旅遊資訊中心

空間裡整面牆的黑板上畫得是清水小鎮的街道圖，這裡不只是咖啡店，還是清水傳說人文逸事的故事館。

INFO

MAP P186,B4

地址：台中市清水區文昌街 18 號
電話：(04) 2622-2771
營業時間：11:00~21:00，週二休
價格：明信片 60 元，設計 T 恤 590 元

5 百珍香餅行

八十年的老餅店

清水最老牌的餅店，已有八十多年的歷史。每日現烤的麵包、糕餅，總是一出爐就被搶購一空。

INFO

MAP P186,B4

地址：台中市清水區大街路觀音巷 53 號
電話：(04) 2622-4104
營業時間：07:00~22:00
價格：奶油酥餅 25 元、吐司 50 元

4 清水鵝肉大王

祖傳沾醬添風味

傳承了 50 年的家鄉味，不起眼的路邊攤卻是在地人回家必吃的美食。

INFO

MAP P186,B4

地址：台中市清水區新興路 115-1 號
電話：(04)2627-5478
營業時間：12:00~22:00
價格：乾拌麵線 30 元，鵝肉切盤時價

7 鰲峰山觀景台

俯瞰台灣海峽及台中盆地景緻

位於鰲峰山觀運動公園內，想上去就得先運動一下，景觀台分為左右二區，180 度無死角地觀賞到海岸景緻，令人心曠神怡。

INFO MAP P186,B4

地址：台中市清水區鰲海路 59 號
電話：(04)2229-0280#505(預約導覽)
營業時間：09:00~16:00，週一休
價格：免費

6 阿婆粉園冰

堅持不變的傳統味

位在紫雲巖廣場前的阿婆粉圓冰，每日販售自家製作的粉圓及現煮的豆類，傳統的滋味經過也別錯過了。

INFO MAP P186,B4

地址：台中市清水區大街路 206 號前
營業時間：10:00~18:00(賣完收攤)
價格：粉圓冰 25 元

9 清水國小

國內第一宗校園古蹟教育

清水國小是全台第一座的古蹟學校，不像一般的古蹟，仍還有孩童在上課使用。

INFO MAP P186,B4

地址：台中市清水區光華路 125 號
電話：(04)2622-2004
參觀資訊，在非上課期間開放參觀
價格：免費

8 清水火車站

古味完整的小車站

海線最早成立的車站之一，在 1935 年大地震時把原木造的站體震垮了。而後採平頂式長方形的建築重建。正面迴廊和古典式柱，小車站簡單中顯出優雅。

INFO MAP P186,B4

地址：台中市清水區中正街 115 號
電話：(04)2622-2021

高美濕地

大自然的美麗贈予

日治時期原是海水浴場的高美濕地，在台中港建成後因洋流改變造成淤積而被迫棄用，卻意外的成了候鳥和近海生物的天堂。成為生態特定區之後再度回到眾人視野焦點中，無論是賞鳥或是觀夕陽，大自然難以言喻的美，就待你來體現。

INFO MAP P186.C2
地址：台中市清水區大甲溪出海口
電話：(04) 2652-3162
營業時間：全天
價格：免費

2

1

美仁里彩繪村

狹長巷裡牆上彩繪過去當地故事，課的小孩、拿著書信站在樓下的年輕人，彷彿親身經歷過。柑仔店、路邊麵攤，又勾起深刻心中的回憶。

INFO MAP P186,C2

地址：台中市沙鹿區四平街新平巷5號(光田醫院對面巷子內)

營業時間：全天

價格：免費

清朝時期便開始屯墾的沙鹿，自日治時代以降，即為海線地區的商業重鎮，1950年代開始，嗅到台灣民生需求進步，經商手腕高明的沙鹿人，開始製作一幅，將這裡打造成台灣的成衣重鎮，持續到1990年代左右，各地商賈批發成衣的貨源，幾乎就是由這臨海小鎮發展出來的。沙鹿成衣極盛的時代，台灣北部和南部的布商，紛紛蜂擁到沙鹿，挨家挨戶的提供布料樣品，及各為了滿足成衣相關所需的人力，湧入大量流動人口，造就了沙鹿繁榮一時的景

象。

在現今沙鹿的鬧區附近，原本是沙鹿老街的地方，有一安靜的社區「美仁里」其名字亦是有趣的「美人里」諧音，沒錯，這社區在沙鹿商業繁榮的時代，曾是鶯燕如雲的酒家區。早期商業行為的推進跟訂單的確立，少不了幾杯黃湯作為催化劑，娛樂及洽商的場所自是慢慢地出現。

滄海桑田，全球化的競爭之下，沙鹿成衣的優勢隨著時代的推移消散，燈紅酒綠的街道也慢慢黯淡了下來。美人里現今安靜的巷弄，在當地居民的努力下，將以前過往時光的燦爛，化為牆上一幅幅繽紛的油彩，凝聚時代中的細節片刻，訴說一個地區的時代故事。或許，有機會遇上當地耆老，請與他們一起分享那數十年仍彩麗鮮明的故事吧！

6

3

4

7

5

1. 利用住家的圍牆繪出不論那個時期，孩童調皮可愛的情形。2. 曾經在土地公廟附近擺攤的麵攤，大略可了解那個年代的攤販形式。3. 穿梭在紅磚圍牆的巷弄間。4. 當時正式場合才會裝的西服，當時可是量身訂定的禮服。5. 美仁里名字的由來「黑貓大酒家」就是代表之一。6. 等候客人的三輪車。7. 從水果店可以觀察出當時的物價。

好味道藏在市場裡

沙鹿美食全紀錄
發掘海線不一樣的美味

從台中往清水、大甲的路途中總是路過的沙鹿，雖處於常被人經過路線的地理位置，卻也有風味質樸的美味小吃及特色餐廳，想吃最當地人歡迎的小吃，往市場鑽準沒錯，或是到土角厝餐廳體會古早鄉下農村的用餐情趣。

日日是好日土角厝餐廳

從土角厝裡認識這片土地風情

把祖厝留下整理維護這棟土角厝，藉以讓更多人認識故鄉的歷史演變，也利用教小朋友蓋土角厝的方式以寓教娛樂的方讓小遙友學到古時人們相互合作的精神。

INFO MAP P186,C3

地址：台中來鹿區中山路永安巷 93-9 號
電話：(04)266-1390
營業時間：11:00~15:00、17:30~21:00，週一休
價格：松板雞坲煲 380 元，甘蔗火鍋 270 元，黃金小卷仔 360 元

沙鹿肉圓福

在地歷史悠久的老字號小吃

營業至今超過八十個年頭，屬於早期當地的風味，滑嫩肉圓皮老人家也能輕易咬得動。

INFO MAP P186,C3

地址：台中市沙鹿區鎮南路二段 636 號
電話：(04) 2662-4418
營業時間：08:00~19:00
價格：肉圓 35 元、肉羹湯 35 元

阿義古早味鳳梨冰

喝得到果肉的鳳梨冰

每日現打碎冰加入自調鳳梨醬汁，裝杯給客人時會再加上 1 匙鳳梨醬，可依照客人喜好調整濃淡程度，熟客都會加特濃。

INFO MAP P186,C2

地址：台中市沙鹿區中山路
電話：0921-724815
營業時間：10:00~22:00
價格：鳳梨冰 30 元、鳳梨檸檬冰 40 元

陳石城肉脯店

讓人停不下來又咬得嘴酸的零食

原倉始者是在肉脯站做，不舍邊料的肉角浪廢，以古法土窯炭燒方式手工製作，成了沙鹿這遠近馳名的肉角名產。

INFO MAP P186,C2

地址：台中市沙鹿區大同街 69 號
電話：(04)2662-1111
營業時間：08:00~20:00
價格：肉角半斤 330 元

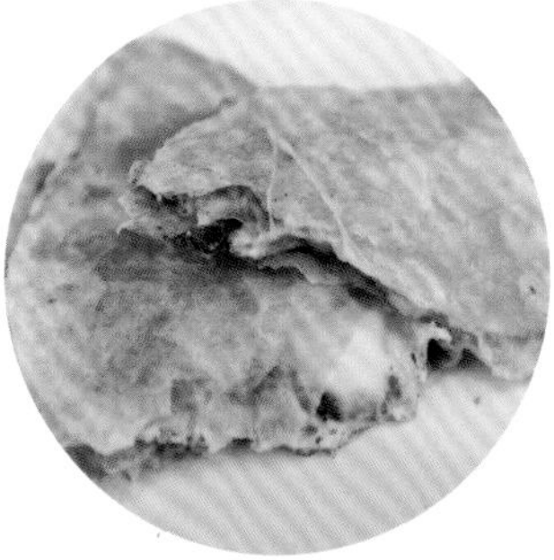

蘇氏家大蛋燒

融和日洋的台式蛋餅

現點現做的大蛋燒，熱的吃享受牽絲的快感，冷的吃品嘗 QQ 的口感。

INFO MAP P186,C2

地址：台中市沙鹿區中山路 327 號
電話：0933-170077
營業時間：07:00~18:10，週一休
價格：牛肉乳酪大蛋燒 55 元

美華小吃店

市場內的隱藏版美食

阿姨每日都準備不同的湯品，每逢週五就會準備 100 個便當。料多風味好，價格親民，是學生最愛來的市場內小店。

INFO MAP P186,C2

地址：台中市沙鹿區日新街 168 巷 4 號
電話：(04)2662-3041
營業時間：12:00~21:00
價格：鵝肉冬粉 70 元、鵝肉飯 40 元，每週五六有便當 100 份

2 小巷子豆花

自製的傳統好味

半開放式的煮料區，可看見主人努力的炒糖備料，豆花及配料新鮮美味加上自炒的黑糖水，傳統的滋味讓人回憶。

INFO MAP P186,C4

地址：台中市龍井區藝術街 61 巷 3 號之 5

電話：(04)2631-6586

營業時間：12:30~21:00，週一休

1 Café Yestoday

愜意享受藝術街早晨時刻

位於藝術街很早就營業的西式早午餐輕食店，沒有招牌卻是當地人早起的人享受悠閒早晨的好地方。

INFO MAP P186,C4

地址：台中市龍井區藝術街 97 號

電話：(04) 26520-4615

營業時間：08:00~20:00(週二 08:00~14:00)

價格：法式鹹派 90 元，單品咖啡 100~130 元不等

藝術街巷弄悠遊

悠閒漫步享受異國風情

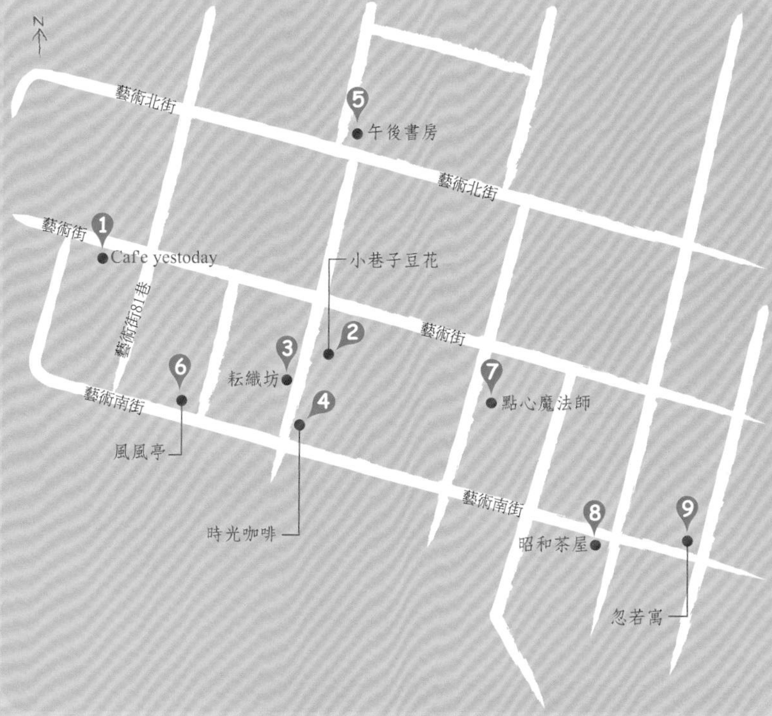
N
藝術北街
5 午後書房
藝術北街
藝術街
1 Cafe yestoday
小巷子豆花
藝術街81巷
2
3 耘織坊
藝術街
6
4
7 點心魔法師
藝術南街
風風亭
時光咖啡
藝術南街
8 昭和茶屋
9
忽若寓

集人文、藝術景觀和社區意識的理想國社區。

9 忽若寓

低調舒適的手染服飾

幾乎含括全臺品牌，以棉麻布料製作的手染服飾品牌，喜歡手染服飾的人一定要來逛逛。

INFO MAP P186,C4

地址：台中市龍井區藝術街 15 巷 28 號

電話：0918-250200

營業時間：10:00~22:00，週日早上休

價格：從百元特價到千元不等

3 耘織坊

在編織的世界耘一畝心田，織一生恬淡

以濕氈的方式製作，過程好玩有趣，從筆套、書衣、帽子甚至衣服、包包皆可製作。

INFO MAP P186,C4

地址：台中市龍井區東海里藝術街 61 巷 10 號
電話：(04) 2631-7180
營業時間：09:00~16:00，週日休
價格：課程依品項著收 850~1000 費用

4 時光咖啡

在時光裡體會生活中的小美好

庭園裡綠色草地上有著紅色電話亭和矮圍籬，總是引人注目的焦點，店內日式清新的風格讓人一坐就不捨離開。

INFO MAP P186,C4

地址：台中市龍井區藝術街 61 巷 9 號
電話：(04) 26328168
營業時間：12:00~19:00，週三休
價格：Espresso70 元，香蕉巧克力鬆餅 150 元

5 午後書房

街角的舊書房

搜羅各種精緻的二手書，更可找到珍貴的絕版書，這類特殊書籍也是書房最大的特色。

INFO MAP P186,C4

地址：台中市龍井區藝術北街 46 巷 2 號
電話：(04) 2652-9927
營業時間：13:00~22:30，週一休
價格：視品項而定

6 風風亭

傳說中的排隊拉麵

每當用餐時間等候區都是坐滿人，湯頭濃郁的拉麵一上桌，讓人一吃就沒說話聲。

INFO MAP P186,C4

地址：台中市龍井區藝術南街 34 號
電話：0919-041931
營業時間：11:00~14:30， 17:30~20:30，週一休
價格：擔擔拉麵 85 元

7 點心魔法師

數量有限的在地逸品

堅持使用在地食材、少油、少糖的健康餅乾，是來藝術街必買的拌手小禮。

INFO MAP P186,C4

地址：台中市龍井區藝術街 39 巷 37-2 號
電話：(04) 2652-6131
營業時間：11:30~22:00，週六、日 10:30~22:00
價格：餅乾一包 100g80~90 元不等

8 昭和茶屋

體驗日本茶器的美

裡頭擺放許多日本茶器製品及雜項，更有一間小小的茶室，可以體驗欣賞茶器之美。

INFO MAP P186,C4

地址：台中市龍井區藝術街 2 號
電話：0912-366798
營業時間：16:00~22:00，週一、二休
價格：單品依現場為主

簡單舊好

享受老物件帶來的生活質感

主人喜愛老物件帶給人那時代洗練後的沉靜韻味，上頭每個不起眼的細節也許就代表了那個年代的工藝，也許一道裂痕或瑕疵就代表著一段故事。這都是老物件讓人著迷的地方，不論是把玩它的美、氣味，或是深研傳統工藝，還是傾聽屬於這物件的老故事，這都是暫時去擁有它的理由。

推薦理由：
不起眼的細節也許就代表了那個年代的工藝

INFO MAP P186,C4
地址：台中市龍井區藝術街 32 號
電話：(04) 2631-2056
營業時間：週四～日 12:00~19:00

The world of good 把玩老物件，感受屬於它的故事。

日本皮革竹編籃

〉古代平民的智慧與工藝

主人至日本古董店帶回來的竹編籃，聽日本賣家表示，這是從前平民家用的籃子提把可能毀損了，所以才把上半部使用耐磨的皮革材質做修復。只是一件民用器具的修復卻沒想到能呈現出不同風貌。

價格：平均 7500 元

日本竹內玄太郎陶製花器

〉特殊的金屬質感花入

日本特有的花器，口小瓶寬，適合剪選一枝形體優美的植物如梅、櫻插入其中，欣賞其花入及植物形體之美。竹內玄太郎為日本近代的陶器作家，此系列陶器以表現出帶金屬光澤為特點。

價格：1500~3500 元

日本老茶具櫃

〉漂洋過海的老家具

這些大型的日本老傢具是目前空間裡最受人歡迎的，也許是大件家俱不好運送，又加上是老傢件，在運送上又加上了難度及風險，不過因主人喜歡這些家俱帶給空間的氛圍，總是不計辛苦到處尋找。

價格：15000~35000 元依現場報價為主

日本九谷燒茶器組

〉日式煎茶茶器

九谷燒為日本歷史悠久的彩繪陶瓷器皿，因其亮麗光鮮的色彩聞名。整組含一個急須（茶壺）、一茶海（為公杯、分裝杯）、四茶杯，以金紅色繪滿把手，壺身及杯壺身則是以櫻網紋飾繪滿。

價格：5000 元

今日單品手沖咖啡

〉喝杯咖啡悠閒一會

每日都會有主人精選的咖啡豆，坐在吧台看著主人現沖咖啡，咖啡香瀰漫滿室，邊喝咖啡邊和主人聊聊舊物的美好，享受悠閒時光。

價格：120 元

手工編織的圓帽

〉搭配大地自然系服飾最適合

以綿麻編織的淑女圓帽，深藍色的色調，讓人顯得清新脫俗，另有大地色系亞麻色的編織帽，二款都很容易搭配衣服，以大地自然風的穿著搭配更為適合。可依據個人的頭圍客製編織。

價格：3000~4000 元

小鹿木工坊鄉村家具

自己 DIY 趣味又實用

原非木工出身的鄭老師，在十年前因大環改變，在家人鼓勵下，開始第一件網路上接客製家俱訂單，也就此打響了知名度，也開啟當時台灣木工訂製家俱的開端。每日除了製作訂單外就是翻閱大量雜誌接受當下受歡迎的家俱款式，加以改良創新製作出屬於自己作品的樣式及創意。

後來眾多人邀請鄭老師傳授法門，因為自己就是半路入行，了解剛入手的人會遇到什麼困難及問題，進而設計一套木工教程，以最基本的木工知識讓人終身受惠。

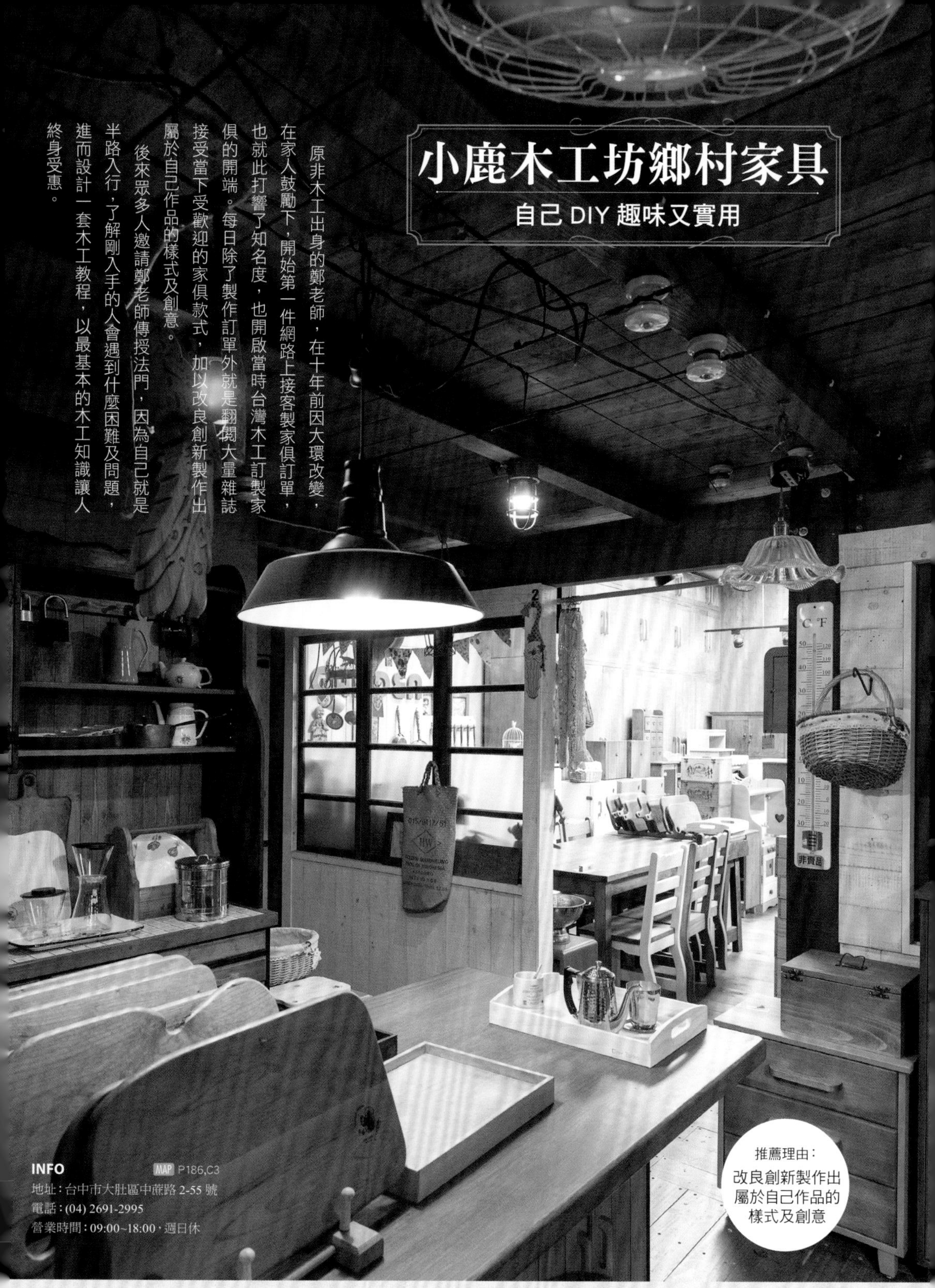

INFO MAP P186,C3

地址：台中市大肚區中蔗路 2-55 號

電話：(04) 2691-2995

營業時間：09:00~18:00，週日休

推薦理由：
改良創新製作出屬於自己作品的樣式及創意

The world of good

木頭和手作的溫度，讓生活更舒適。

可愛兒童坐椅

〉小朋友專屬坐位

可為家中小孩準備，讓小朋友覺得有了一個專屬他的坐位，訓練其孩子安定性在坐位上慢慢學習獨立自己完成一件事。高度適合 3-6 歲小朋友身高製作的椅子，並注意邊角的圓潤避免小朋友玩需時撞到受傷。

價格：2970 元 (買三送一)

開放式收納木箱

〉快速整理的好幫手

為常青熱銷款，尺吋統一可以多數個木箱堆疊收納不佔空間，更可發揮不同的巧思倒放做茶展、小桌，更可種植園藝做小菜園等，因使用環保無毒漆放在家裡，也不用擔心使用上對人體會有什麼危害。

價格：3130 元 / 六入

斜屋頂小桌櫃

〉簡單造型營造不同居家氛圍

利用基本的櫃子構構，改變上層形狀做成類似斜屋頂形狀，大小可放直小書冊、瓶瓶罐罐小物，無法旋吊適合放在桌上或廚櫃，也可放在小孩房裡做孩子的玩具展示櫃等。

價格：2680 元

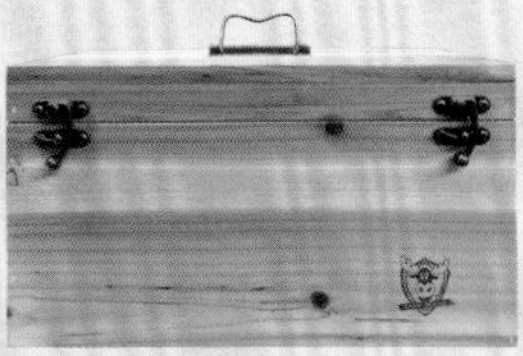

小瓶瓶罐罐櫃

〉可愛鄉村風格櫃

為木工課程之一，用多片木材組合門板。老闆娘建議，因下層多了門片的設計更好做些收納，可收納自己醃漬等待入味的果乾，或是做為放置寵物用品的專屬小櫃。

價格：3750 元

名片、筆插架

〉可愛溫暖感的木製文具小物

辦公桌上的簡單文具，可愛的造型也可做為裝飾小物件。以實木塊挖洞可放插立筆類文具，鑿痕可放至名牌或名片，簡單讓筆或 memo 筆能快速有個地方集中放置。

價格：450 元

手提工作箱

〉好看實用的萬能箱

以鍊條加強，固定上蓋打開時呈 90 度。原實的木箱內部容量大，除了放置較重的工作外，也可做露營、野餐餐具箱，上面的淺層木盤可放置茶水、杯子等。

價格：2680 元

好想住一晚看看

各式旅宿讓你一夜好眠

創意時尚飯店

位於台中市五權路上，將環保概念融入整體的設施規劃中，打造一處創意、時尚、舒適的住宿新空間。

INFO

價位：2800 元起
地址：台中市北區五權路 334 號
電話：(04)2202-2666
網址：http://i-deal.hotel.com.tw/

紅磚小屋

交流道下便利位置，曾是間賣傳統蜜餞的小雜貨店，如今以另一種形式保留古老的回憶，樸實居住情懷，讓你如回老家一般的溫馨與自在。

INFO

價位：1300 元起
地址：台中市大甲區甲后路 636 號
電話：0988-297-099

台中亞緻大飯店 Hotel ONE

由美國紐約 KPF ASSOCIATES 團隊所設計，時尚前衛的建築風格，目前為中台灣最高的大樓！

INFO

價位：3600 元起（各促銷活動請至粉絲頁查尋）
地址：台中市西區英才路 532 號
電話：(04)2303-1234

胡明月山房

站在寬曠平頂上、窮極眼目是天空與新社相連一直線、瞭望眼底山景，暫遠都市繁華的熱鬧讓遼闊的景色沉澱心靈。

INFO

價位：2600 元起
地址：台中縣新社區中興嶺 363-168 號
電話：(04)2582-2386

山上的卡夫卡

位於熱鬧的逢甲商圈入附近，以馳放生活主義、自然風格元素裝置，揉合人文藝術與樂活概念詮釋都市新宿。

INFO

價位：3000 元起
地址：台中市西屯區逢甲路（逢甲夜市旁）
電話：0982-789511

夏日航棧

創意的經濟型精品飯店，所有客房均設有大電視、衛浴、保險箱及無線網路，而公共區域有高雅的裝飾及創意作品。

INFO

價格：1680 元起
地址：台中市西區忠明南路 333 號
電話：(04)3202-5066

時光對白旅棧

極俱現代極簡風格，房間裡面的時光魔鏡可讓旅人塗鴉，增添了些許住宿樂趣。

圖片提供／時光對白旅棧

INFO

價格：1999 元以上，推薦戀棧時光 平日房價 2400 起
地址：台中市西屯區福星北三街 35 號
電話：04-27003268

逢甲美學院

背包客一致推薦，各式風格房間挑選環境乾淨又舒適。交通便利，另有配合車行機車租借，是闔家旅遊、背包旅行、出差洽公最佳處所。

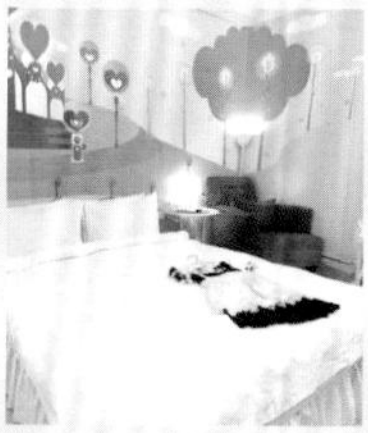

INFO

價位：1880 元起
地址：台中市西屯路二段 297-8 巷 12 弄 35 號
電話：(04)2451-1466，0938-108375

仁美時尚飯店

鄰近科博館、中友百貨、一中商圈等，地理位置四通八達，生活機能相當方便。大廳炫麗整體乾淨舒適是為精緻、平價之優質飯店。

INFO

價格：2360 元起
地址：台中市北區中清路一段 36 號
電話：(04)2208-0101

綠柳町文旅

位於曾經熱鬧一時的台中電子街中，以電路圖騰作為創意元素，透過「旅力充電」來體驗台中的老城區，讓旅行增添時尚與懷舊。

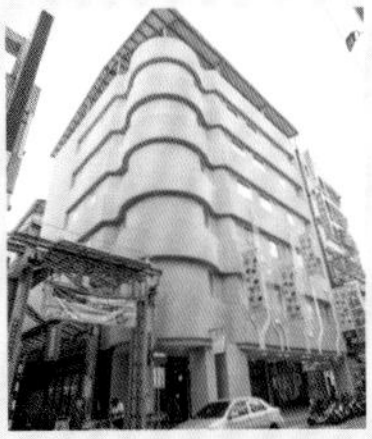

INFO
價格：1900 元起
地址：台中市中區中山路 55 號
電話：(04)2221-7668

紅點文旅

原為老中區大飯店的紅點文旅，搖身一變成為像家的設計樂園。大廳的巨型溜滑總是讓入住的旅人重新回味當年美好的趣味。

INFO
價位：2080 元起
地址：台中市中區民族路 206 號
電話：(04) 2229-8333

承憶文旅 - 台中鳥日子

期盼與旅人一同在此發現驚喜、感受生活。把台中在地文化等元素表現在旅店中，各種設計都各有其意含，是間文人的旅店。

INFO
價位：4500 元起
地址：台中市西區忠明南路 98 號
電話：(04) 2329-2266

昭盛 52 行館

在西區的忠明路上，近精明一街，簡約時尚的設計風格，舒適寬敞的休閒氛圍，是商務人士在都市中一處寧靜、隱密的個人居所。

INFO
價格：2925 元起
地址：台中市西區忠明路 52 號
電話：(04)2315-6656

台中商旅

以家為理念延伸，，現代化風格的客室設計，採用溫暖柔和的大地色調、明亮的採光、潔淨俐落的傢俱陳設，營造出舒適溫馨的氣氛。

INFO
價位：4000 元起
地址：台中市西區篤信街 26 號
電話：(04)2206-0591

奇異果快捷旅店 - 中正店

以「優質、簡約、舒適、平價」廣受好評，加入許多時尚、簡約、舒適、便捷的舒活元素，清新風格讓旅客自然放鬆。

INFO
價格：1600 元 / 活動特專請參考看官網
地址：台灣台中市中區成功路 165 號
電話：(04)3509-0681

一米陽光

位於鬧區中的老宅，由主人親自整修及佈置重現往日豪宅等級的光芒，在庭園裡的草坪上享受這一小方天地的陽光帶來的暖暖幸福感。

INFO
價位：雙人房 2200 元起
地址：台中市西區存中街 33 號 403 號
電話：0985-563825

新驛旅站台中車站店

設計感與時尚感兼具、乾淨舒適的個性化空間，客房是新潮和寬敞的，而且提供迷你吧、電影隨選服務和拖鞋設施。

INFO
價位：2800 元起
地址：台中市東區復興路四段 133 號
電話：(04) 2223-2333

台中一中時尚商旅

位於北屯路、雙十路及健行路交叉路口，價格平實，房間以典雅溫馨、寬敞明亮的宜人風格，適合出差、背包客或學生。

INFO
價格：1200 元起
地址：台中市北區雙十路二段 92 號 7-11 樓
電話：(04)2237-1666,

月湖老家

位於台中山區鄉間的日式舊建築改裝，坐擁雪山山脈和大甲溪的壯闊美景，和豐富的生態系。

INFO
價格：2200 元起
地址：台中市新社區月湖里 6 鄰新居街 68 號
電話：0987205035

㚷陶苑

以藝術和自然為特色打造的文雅民宿，設有玩陶區、拉坯區、休憩庭園、用餐玻璃屋、陶藝展示區，除了休息也可體驗親手製陶創作。

INFO

價格：價格：1800 元起

地址：台中市新社區協成村興隆街 21 號

電話：(04)2581-1141；0919-019-596

台中之星設計旅店

以現代簡約風格呈現出迷人的時尚風采，混搭東西新舊的異質組，重塑新穎的空間，堪稱台中最頂級的六星級汽車旅館。

INFO

價格：4580 元起

地址： 台中市西屯區黎明路三段 388 號

電話：(04)2451-2888

春水漾

別出心裁的空間規劃，訂製出屬於雙人的浪漫空間，各種精心佈置的主題房，注重細節處處都精彩。

INFO

價格： 4680 元起

地址：台中市豐原區成功路 579 號

電話：(04)2520-5899

網　址：http://www.springyoung.com.tw/

依麗莎白酒店

位於匯集台中人文、藝術、商業於一身的草悟道邊上，優雅的人文環境、絕佳的交通位置，、全方位的生活機能。

INFO

價位：3800 元起

地址：台中市西區中美街 471 號

電話：(04)2329-6000

福太桔子商旅

福泰連鎖飯店集團旗下分店，飯店內部空間帶給房客便利性及舒適感，整體採用簡單而又舒適的設計主軸。

INFO

價格：2200 元起

地址：台中市中區公園路 17 號

電話：(04) 2226-2323

小喬流水

新社青山圍繞中日式白色建築。提供數間寵物專屬房型，配有飼料與軟墊、讓如家人般的寵物一起享受快樂時光。

圖片提供／玩全台灣旅遊網

INFO

價格：2600 元起

地址：台中市新社區中和里中興街 208-2 號

電話：(04)25931717 ，0978-435178

星悅大飯店

用心推出如家庭般溫馨的平價飯店，不需挑高氣派的大廳、先進豪華的設備，星悅擁有的是乾淨明亮的住宿空間及濃厚的人文關懷。

INFO

價格：1080 元起

地址：台中市中區成功路 110 號

電話：(04) 2229-2388

華登商務大飯店

舒適及人性化的客房規劃更讓入住旅客備感溫馨。華登商務大飯店設有齊全設備供旅客使用放心使用。

INFO

價格：2100 元起

地址：台中市北屯區瀋陽路一段 84 號

電話：(04) 2296-4888

日月千禧酒店

屬於千禧國際酒店集團，位於台中市繁華的七期市中心，是兼具休閒、時尚的豪華酒店，同時也是台灣中部首家國際頂級酒店。

INFO

價格：4400 元起

地址：台中市西屯區市政路 77 號

電話：(04)3705-6000

香城飯店

台中香城提供高鐵、火車站接送服務，前往台中市區、台中著名旅遊景點及著名逢甲夜市皆非常方便。

INFO

價格：2250 元起

地址：台中市北屯區柳陽東街 50 號

電話：(04) 3606-9888

網址：http://taichung-charming-city.city-hotel.com.tw/

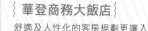

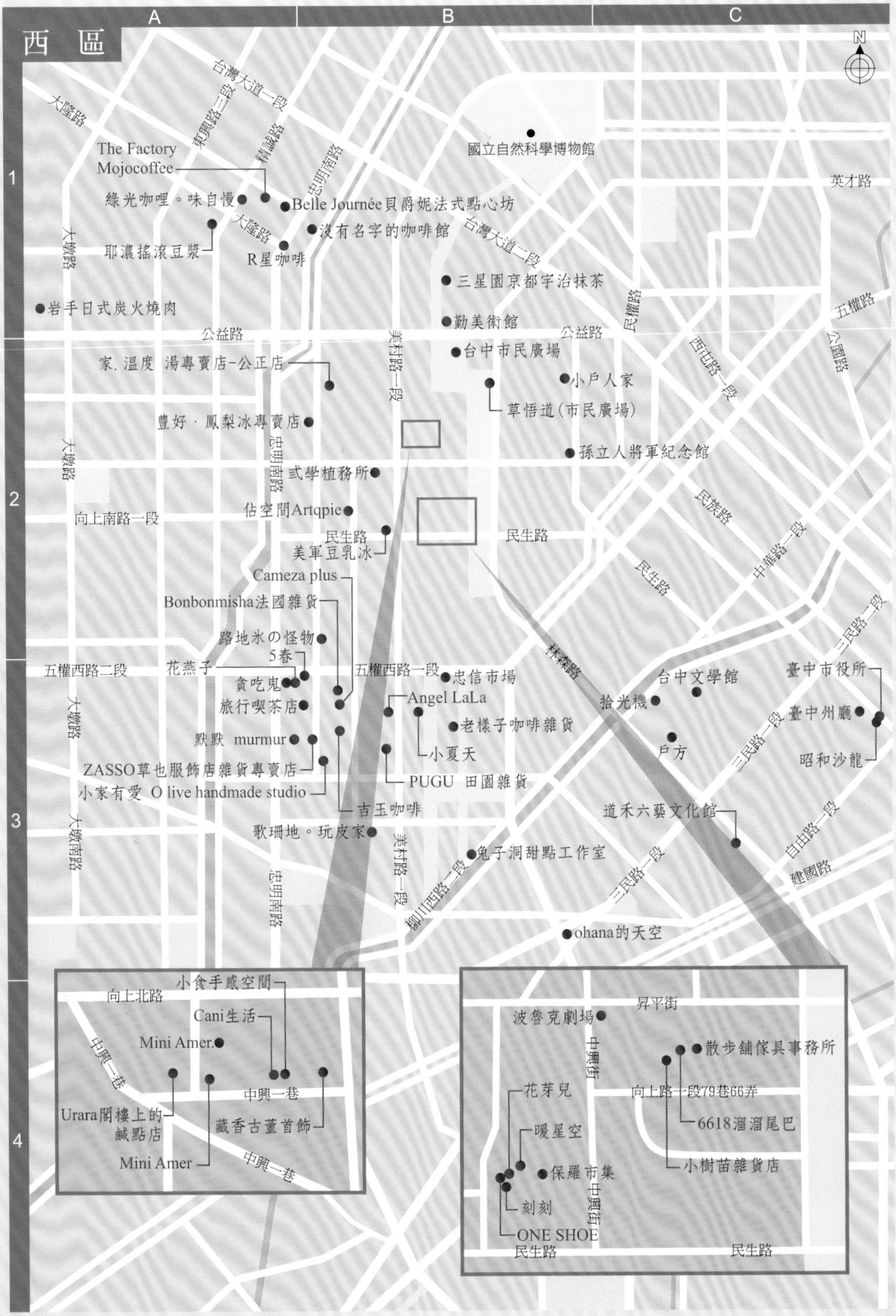
西區
A
B
C
1
2
3
4
N
台灣大道一段
大隆路
東興路二段
精誠路
忠明南路
The Factory
Mojocoffee
綠光咖哩。味自慢
Belle Journée貝爵妮法式點心坊
沒有名字的咖啡館
耶濃搖滾豆漿
R星咖啡
大墩路
台灣大道二段
國立自然科學博物館
英才路
三星園京都宇治抹茶
岩手日式炭火燒肉
勤美術館
民權路
五權路
公益路
台中市民廣場
家. 溫度 湯專賣店-公正店
小戶人家
西屯路一段
公園路
美村路一段
草悟道(市民廣場)
豐好．鳳梨冰專賣店
孫立人將軍紀念館
弎學植務所
佔空間Artqpie
向上南路一段
民生路
美軍豆乳冰
民族路
中華路一段
Cameza plus
Bonbonmisha法國雜貨
民生路
路地氷の怪物
林森路
三民路一段
5春
花燕子
五權西路二段
五權西路一段
忠信市場
台中文學館
臺中市役所
貪吃鬼
Angel LaLa
拾光機
臺中州廳
旅行喫茶店
老樣子咖啡雜貨
默默 murmur
小夏天
戶方
昭和沙龍
ZASSO草也服飾店雜貨專賣店
小家有愛 O live handmade studio
PUGU 田園雜貨
吉玉咖啡
道禾六藝文化館
大墩南路
歌珊地。玩皮家
兔子洞甜點工作室
自由路一段
建國路
三民路一段
五權西路一段
ohana的天空
小食手感空間
向上北路
Cani生活
Mini Amer.
中興一巷
Urara閣樓上的
鹹點店
藏香古董首飾
Mini Amer
波魯克劇場
昇平街
中興街
散步舖傢具事務所
花芽兒
向上路一段79巷66弄
6618溜溜尾巴
暖星空
保羅市集
小樹苗雜貨店
刻刻
ONE SHOE
民生路

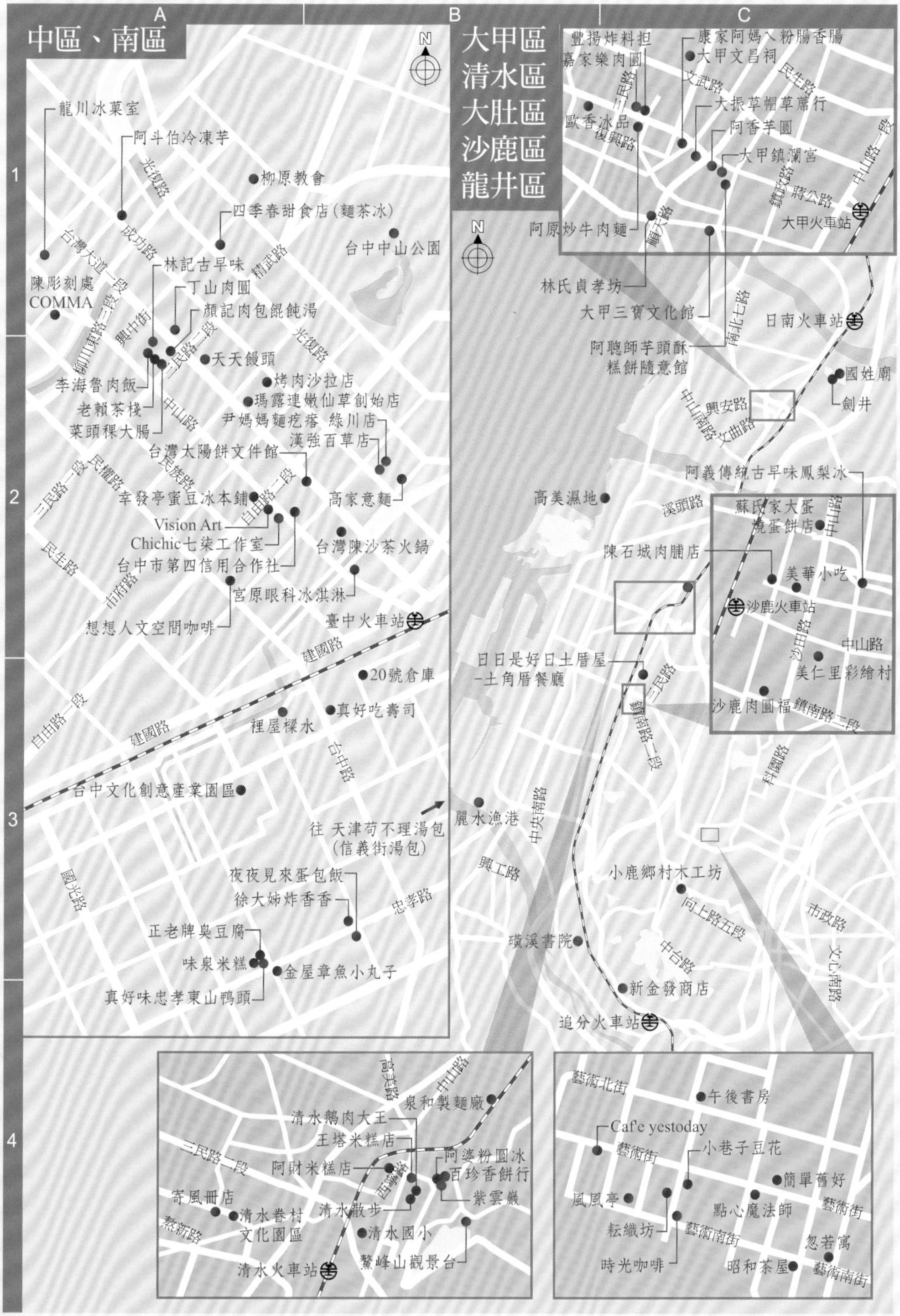
A
B
C
1
2
3
4
中區、南區
大甲區
清水區
大肚區
沙鹿區
龍井區
N
龍川冰菓室
阿斗伯冷凍芋
光復路
柳原教會
四季春甜食店（麵茶冰）
台中中山公園
台灣大道一段
成功路
林記古早味
精武路
陳彫刻處
COMMA
丁山肉圓
顏記肉包餛飩湯
興中街
柳川東路三段
三民路二段
光復路
天天饅頭
李海魯肉飯
烤肉沙拉店
老賴茶棧
瑪露連嫩仙草創始店
中山路
尹媽媽麵疙瘩
綠川店
菜頭粿大腸
漢強百草店
台灣太陽餅文件館
三民路一段
民權路
民族路
自由路二段
幸發亭蜜豆冰本鋪
高家意麵
Vision Art
Chichic七柒工作室
台灣陳沙茶火鍋
民生路
台中市第四信用合作社
市府路
宮原眼科冰淇淋
想想人文空間咖啡
臺中火車站
建國路
20號倉庫
自由路一段
真好吃壽司
建國路
裡屋樑水
台中路
台中文化創意產業園區
往 天津苟不理湯包
（信義街湯包）
國光路
夜夜見來蛋包飯
徐大姊炸香香
忠孝路
正老牌臭豆腐
味泉米糕
金屋章魚小丸子
真好味忠孝東山鴨頭
豐揚炸料担
嘉家樂肉圓
康家阿媽ㄟ粉腸香腸
大甲文昌祠
三民路
文武路
民生路
歐香冰品
復興路
大振草帽草蓆行
阿香芋圓
中山路一段
大甲鎮瀾宮
順天路
蔣公路
阿原炒牛肉麵
大甲火車站
林氏貞孝坊
大甲三寶文化館
南北七路
日南火車站
阿聰師芋頭酥
糕餅隨意館
國姓廟
劍井
中山南路
興安路
文曲路
阿義傳統古早味鳳梨冰
高美濕地
溪頭路
蘇氏家大蛋
燒蛋餅店
中山路
陳石城肉脯店
美華小吃
沙鹿火車站
沙田路
中山路
日日是好日土厝屋
-土角厝餐廳
三民路
美仁里彩繪村
沙鹿肉圓福
鎮南路二段
鎮南路一段
科園路
中央南路
麗水漁港
興工路
小鹿鄉村木工坊
向上路五段
市政路
文心南路
磺溪書院
中台路
新金發商店
追分火車站
高美路
中山路
泉和製麵廠
清水鵝肉大王
王塔米糕店
三民路二段
阿婆粉圓冰
阿財米糕店
光華路
百珍香餅行
寄風冊店
清水散步
紫雲巖
清水眷村
文化園區
鰲新路
清水國小
鰲峰山觀景台
清水火車站
藝術北街
午後書房
Caf'e yestoday
藝術街
小巷子豆花
簡單舊好
風風亭
點心魔法師
藝術街
耘織坊
藝術南街
忽若寓
時光咖啡
昭和茶屋
藝術南街

A
B
C
北屯區
N
1
2
式六手作甜點
中平路
敦化路一段
松竹路一段
經貿文創觀光夜市村
昌平路一段
頭張路二段
Buka這一隻熊
老練的店
欣欣商號
THE DOOR 安心食材
大師兄 水煎包大餅
松竹路一段
中平路
大連路一段
崇德路一段
遼寧路一段
文心路三段
山西路二段
音樂玩咖
北平路三段
東光市場
粘全潤餅
雙喜豐仁冰
漢口路三段 漢口路四段
茶米店
太原路二段
Charming Choice
剛好冰果室
小森空間komori
崇德路二段
包旺家 Bowwow+
樹合苑
西屯路一段
五權路
公園路
三民路二段
雙十路一段
羅氏秋水茶
東東芋圓
新凍嫩仙草
松竹路二段
九號步道
東山路一段
東山路一段
寶之林
建和路
樂樂木 lolowood
軍福九路
三時冰菓店
陸光七村
太原路三段
太原路三段
施雜貨
坪林森林公園
北 區
漢口路四段
茶米店Charming Choice
太原路二段
今井屋日式串燒-焼き鳥
進化北路
小森空間komori
雷亭拉麵
樹合苑
臺中市眷村文物館
阿春麵担
阿坤黑粉圓
PerBed(有張床)
嘉義涼麵店
一品豆花
三民路三段
雙十路一段
cafe camo
卡默咖啡
鐵人面倉
博客創意旅店
五權路
雙魚2次方 一中店
框旅咖啡
台中孔廟
日日利海盜飯團
中華路一段
西屯路一段
公園路
臺中放送局
飯糰打嗝了
三時茶房
三民路二段
台水宿舍商場
光復路
羅氏秋水茶
3
4
新社區、太平區
馬力埔彩繪小徑
東湖街二段
香菇街-菇神
新社古堡
郭叔叔獼猴生態區
興和產業道路
薰衣草森林

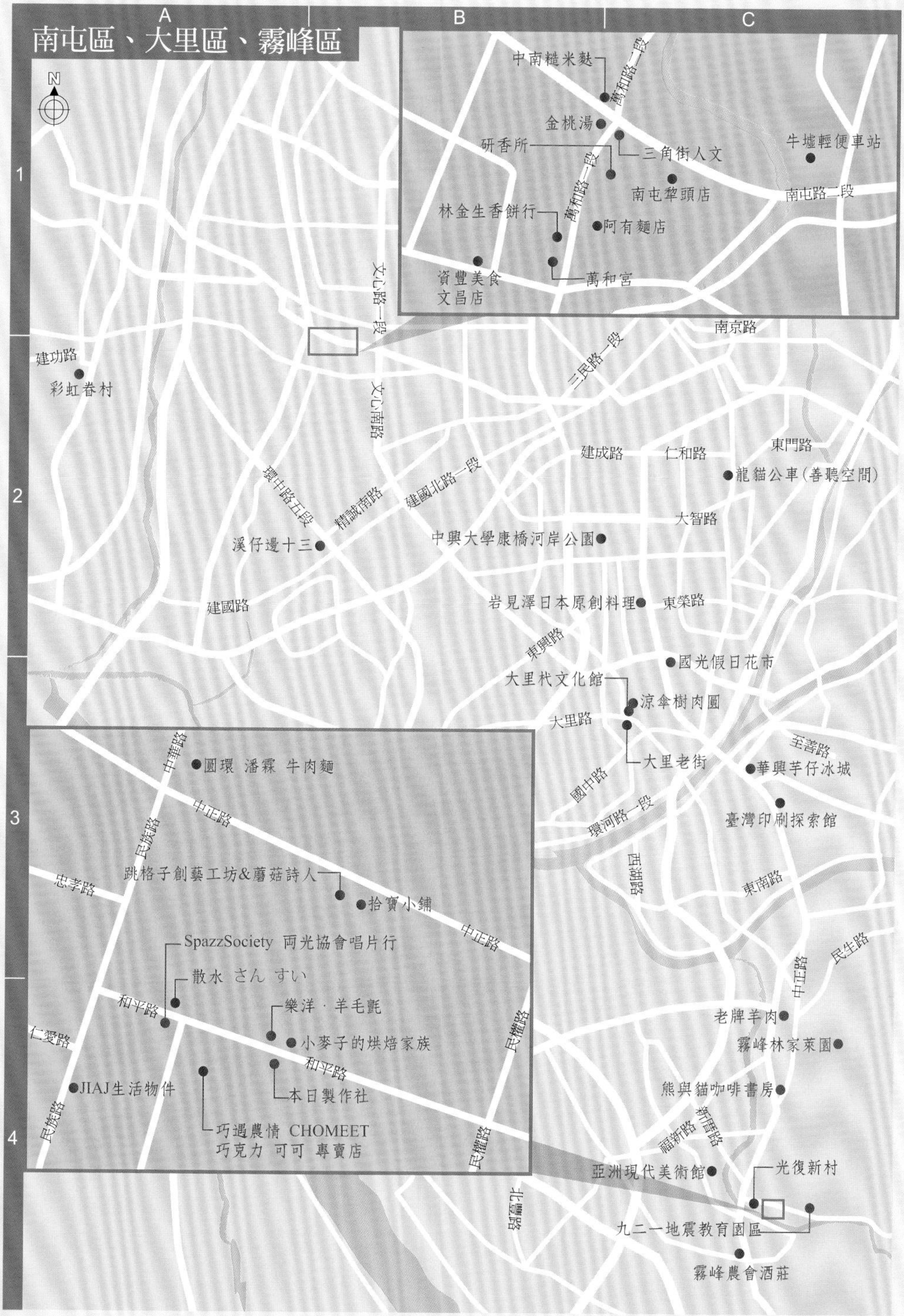

南屯區、大里區、霧峰區
A
B
C
1
2
3
4
N
中南糙米麩
萬和路一段
金桃湯
研香所
三角街人文
牛墟輕便車站
南屯犂頭店
南屯路二段
林金生香餅行
阿有麵店
資豐美食
文昌店
萬和宮
文心路一段
南京路
建功路
彩虹眷村
三民路一段
文心南路
建成路
仁和路
東門路
龍貓公車(善聽空間)
環中路五段
精誠南路
建國北路一段
大智路
溪仔邊十三
中興大學康橋河岸公園
建國路
岩見澤日本原創料理
東榮路
東興路
國光假日花市
大里杙文化館
涼傘樹肉圓
大里路
大里老街
至善路
華興芋仔冰城
中華路
圓環 潘霖 牛肉麵
中正路
國中路
環河路一段
臺灣印刷探索館
民族路
西湖路
忠孝路
跳格子創藝工坊&蘑菇詩人
拾寶小鋪
東南路
中正路
SpazzSociety 両光協會唱片行
民生路
散水 さん すい
中正路
和平路
樂洋．羊毛氈
老牌羊肉
仁愛路
小麥子的烘焙家族
民權路
霧峰林家萊園
和平路
JIAJ生活物件
本日製作社
熊與貓咖啡書房
民族路
巧遇農情 CHOMEET
巧克力 可可 專賣店
福新路
新厝路
民權路
亞洲現代美術館
光復新村
北豐路
九二一地震教育園區
霧峰農會酒莊

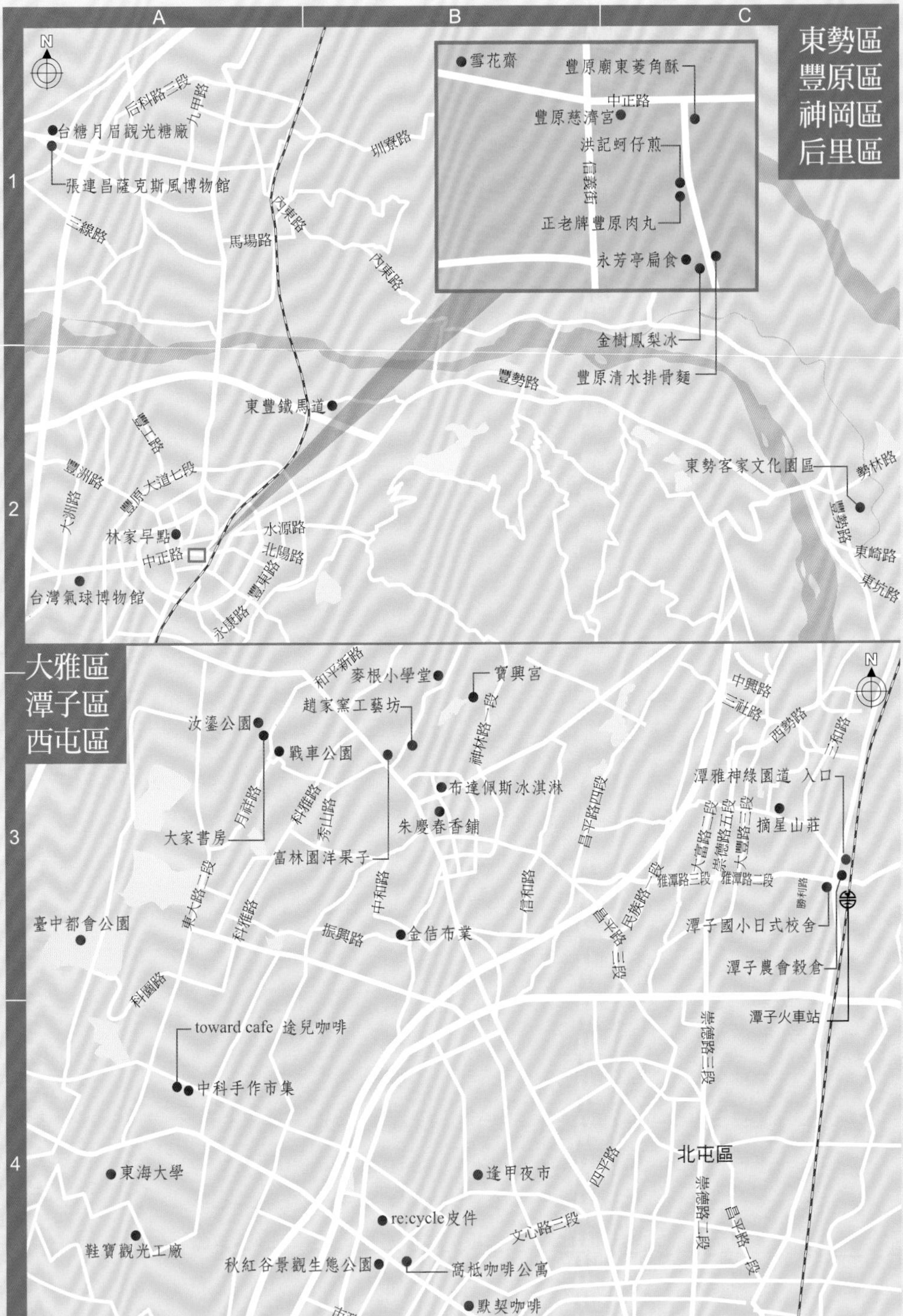
東勢區
豐原區
神岡區
后里區
大雅區
潭子區
西屯區
A
B
C
1
2
3
4
N
台糖月眉觀光糖廠
張連昌薩克斯風博物館
后科路三段
九甲路
三線路
馬場路
內東路
圳寮路
雪花齋
豐原廟東菱角酥
中正路
豐原慈濟宮
洪記蚵仔煎
信義街
正老牌豐原肉丸
永芳亭扁食
金樹鳳梨冰
豐原清水排骨麵
豐勢路
東豐鐵馬道
豐工路
豐洲路
大洲路
豐原大道七段
林家早點
中正路
水源路
北陽路
豐東路
永康路
台灣氣球博物館
東勢客家文化園區
勢林路
豐勢路
東崎路
東坑路
和平新路
麥根小學堂
寶興宮
趙家窯工藝坊
汝鎏公園
戰車公園
神林路一段
布達佩斯冰淇淋
朱慶春香鋪
月祥路
大家書房
科雅路
秀山路
富林園洋果子
昌平路四段
中興路
三社路
西勢路
三和路
潭雅神綠園道 入口
摘星山莊
大富路二段
崇德路五段
大豐路三段
雅潭路三段
雅潭路二段
勝利路
潭子國小日式校舍
潭子農會穀倉
潭子火車站
東大路二段
科雅路
中和路
信和路
民族路一段
昌平路三段
臺中都會公園
振興路
金信布業
科園路
toward cafe 途兒咖啡
中科手作市集
崇德路三段
北屯區
四平路
東海大學
逢甲夜市
re:cycle 皮件
文心路三段
崇德路二段
昌平路一段
鞋寶觀光工廠
秋紅谷景觀生態公園
窩柢咖啡公寓
默契咖啡
市政路

GO!GO! 跟我走
台中好好玩

台中

台灣好迌迌 LT0099

副總編輯林開富 **責任編輯**吳思穎 **文字**紀廷儒、李晏甄 **攝影**紀廷儒 **美術設計暨封面設計** RabbitsDesign **行銷企劃副理**呂妙君 **行銷專員**王逢瑗

發行人何飛鵬 **PCH生活旅遊事業總經理**李淑霞 **社長**李淑霞 **出版公司**墨刻出版股份有限公司 **地址**台北市民生東路2段141號9樓 **電話** 886-2-25007008 **傳真**886-2-25007796 **EMAIL** mook_service@cph.com.tw **網址** www.mook.com.tw **發行公司**英屬蓋曼群島商家庭傳媒股份有限公司城邦分公司 **城邦讀書花園** www.cite.com.tw **劃撥**19863813 **戶名**書蟲股份有限公司 **香港發行所**城邦（香港）出版集團有限公司 **地址**香港灣仔洛克道193號東超商業中心1樓 **電話**852-2508-6231 **傳真**852-2578-9337 **經銷商**聯合股份有限公司（電話：886-2-29178022）金世盟實業股份有限公司 **製版印刷** 凱林彩印股份有限公司 **城邦書號**LT0099 **ISBN** 978-986-289-285-5 **定價**320元 **出版日期**2016年8月初版 **版權所有・翻印必究**

國家圖書館出版品預行編目(CIP)資料

臺中Power Travel / 紀廷儒,李晏甄作. -- 初版. -- 臺北市：
墨刻出版：家庭傳媒城邦分公司發行, 2016.08
　　面；　公分 -- (臺灣好迌迌 ; 99)
ISBN 978-986-289-285-5(平裝)
1.旅遊 2.臺中市

733.9/115.6　　　　　　　　　　　105014419